社会组织有序参与公共危机治理研究

金 华 著

东南大学出版社
SOUTHEAST UNIVERSITY PRESS
·南京·

图书在版编目(CIP)数据

社会组织有序参与公共危机治理研究 / 金华著. —南京：东南大学出版社，2023.12
ISBN 978-7-5766-0938-7

Ⅰ. ①社⋯ Ⅱ. ①金⋯ Ⅲ. ①社会组织－参与管理－突发事件－公共管理－研究－中国 Ⅳ. ①D63

中国国家版本馆 CIP 数据核字(2023)第 210031 号

责任编辑：陈 淑　责任校对：子雪莲　封面设计：毕 真　责任印制：周荣虎

社会组织有序参与公共危机治理研究

著　　者	金　华
出版发行	东南大学出版社
社　　址	南京四牌楼 2 号　邮编：210096
网　　址	http://www.seupress.com
出 版 人	白云飞
经　　销	全国各地新华书店
印　　刷	广东虎彩云印刷有限公司
开　　本	700 mm×1 000 mm　1/16
印　　张	11.25
字　　数	190 千字
版　　次	2023 年 12 月第 1 版
印　　次	2023 年 12 月第 1 次印刷
书　　号	ISBN 978-7-5766-0938-7
定　　价	69.00 元

本社图书若有印装质量问题，请直接与营销部联系。电话(传真)：025-83791830。

前　言

在这样一个危机四伏的时代,如何实现公共危机的有效治理已经成为新时期中国政府面临的巨大挑战。政府作为公共服务的提供者和公共事务的管理者,在公共危机治理中必然起着主导作用。然而随着危机的日益复杂化,单凭政府自身力量已然无法快速、高效地应对公共危机。整合社会资源、充分发挥社会力量,尤其是发挥社会组织在公共危机治理中独特的优势与功能,已经成为实现我国公共危机有序高效治理的必然选择。

当今中国,随着中国特色社会主义民主进程的加速发展、国家治理体系和治理能力现代化的不断推进,我国社会组织参与公共危机治理已经呈现出良好的发展态势。然而拘囿于社会组织参与公共危机治理的制度环境仍不完善、参与资源仍然不足、参与能力有待增强、观念文化层面还存在认识误区等困境,社会组织参与公共危机治理实践中仍然呈现出参与广度不足、主动参与率偏低、参与深度有限、有效性不足、参与渠道不畅、有序性不足,以及参与不平衡、参与组织化程度低等诸多问题。

基于我国社会组织参与公共危机治理的现实状态,并理性审视国外社会组织参与公共危机治理的经验与不足,与中国国情相适应的、应然意义上的社会组织参与公共危机治理模式的构建应该包括:准确定位社会组织在公共危机治理中的角色、遵循社会组织参与公共危机治理的基本原则、明晰社会组织参与公共危机治理的目标指向等多个维度。从政府层面、社会组织层面、社会心理文化层面以及合作网络层面进行多维突破，通过营造良好法律、制度环境，提升社会组织参与能力与水平，增强对社会组织的认同以及构建危机应对协同机制等方法和路径，推动社会组织有序参与公共危机治理目标的渐次实现。

目 录

导论 ……………………………………………………………… 001
    一、研究背景及意义 ……………………………………………… 001
    二、基本概念及研究范围 ………………………………………… 006
    三、国内外相关研究述评 ………………………………………… 010
    四、研究思路及方法 ……………………………………………… 022
    五、研究特色 ……………………………………………………… 026

第一章　社会组织参与公共危机治理的理论阐释 …………… 028
    第一节　参与民主理论及其对本研究的启示 …………………… 028
    第二节　治理理论及其对本研究的启示 ………………………… 033
    第三节　协同学理论及其对本研究的启示 ……………………… 037
    第四节　社会资本理论及其对本研究的启示 …………………… 041

第二章　社会组织参与公共危机治理的现实考量 …………… 046
    第一节　全球化背景下公共危机的新特点 ……………………… 046
    第二节　新时期我国政府面临的新挑战 ………………………… 048
    第三节　从管理到治理：公共危机应对的新趋势 ……………… 051
    第四节　社会组织参与公共危机治理的优势与功能 …………… 054

第三章　社会组织参与公共危机治理的问题透视 …………… 061
    第一节　社会组织参与公共危机治理：参与现状 ……………… 061
    第二节　社会组织参与公共危机治理：问题呈现 ……………… 071
    第三节　社会组织参与公共危机治理：问题成因 ……………… 079

第四章 社会组织参与公共危机治理的国际比较 ············ 089

第一节 美国 NGO 参与公共危机治理：以"9·11"恐怖袭击、卡特里娜飓风灾害以及哈维、艾尔玛飓风灾害为例 ············ 089

第二节 英国 NPO 参与公共危机治理：以伦敦地铁爆炸案和新冠肺炎疫情为例 ············ 098

第三节 日本 NPO 参与公共危机治理：以阪神·淡路大地震和东日本大地震为例 ············ 104

第四节 国外社会组织参与公共危机治理的经验和教训 ············ 112

第五章 社会组织有序参与公共危机治理的模式建构 ············ 119

第一节 社会组织有序参与公共危机治理：角色定位 ············ 119

第二节 社会组织有序参与公共危机治理：基本原则 ············ 123

第三节 社会组织有序参与公共危机治理：目标指向 ············ 128

第六章 社会组织有序参与公共危机治理的路径突破 ············ 136

第一节 营造良好的法律、制度环境：基于政府层面的分析 ············ 136

第二节 规范内部治理、提升社会组织参与的能力与水平：基于社会组织层面的分析 ············ 146

第三节 强化对社会组织的认同：基于社会心理文化层面的分析 ············ 150

第四节 构建多层次的协同应对机制：基于合作网络层面的分析 ············ 156

展望 ············ 161

参考文献 ············ 163

导 论

一、研究背景及意义

(一) 研究背景

在人类社会漫长的发展进程中,"危机"似乎是一个永恒的话题,它与人类社会如影随形、相伴相生,两者始终处于螺旋式互动状态,并逐渐上升为一种社会生态规则[1]。无时无刻不在发生的危机严重威胁着人类的生存和发展,给人类社会造成了难以估量的伤亡与损失。物竞天择,适者生存。一部人类文明的发展史,其实就是一部人类不断地运用自己的才智应对挑战、战胜危机、追求生存与发展的历史。

人类社会步入现代以后,社会能量空前积累,社会日趋复杂化,特别是科学技术的快速进步和全球化的迅猛发展,使得人类对自然和社会生活的干预范围日益扩大、涉入程度愈来愈深。现代化的发展既给人类社会提供了无数的机会,也带来了一种前所未有、不断扩散的不确定性,各种前所未有的风险也如期而至。1986年,德国著名社会学家乌尔里希·贝克(Ulrich Beck)在其《风险社会》一书中用理性的声音向世界宣告了风险社会的来临,"在发达的现代性中,财富的社会生产系统地伴随着风险的社会再生产""在现代化进程中,生产力的指数式增长,使危险和潜在威胁的释放达到了一个我们前所未知的程度""风险社会从这个意义上是世界性的风险社会"[2]。英国著名社会学大师安东尼·吉登斯(Anthony Giddens)在其著作《现代性的后果》一书中对乌尔里希·贝克的风险社会理论给予了积极回应,"核战争的可能性,生态灾难,不可遏制的人口爆炸,全球经济交流的崩溃以及其他潜在的全球性灾难,为我

---

[1] 郭小明.当代我国政府公共危机管理体系探析[D].太原:山西大学,2008.
[2] 贝克.风险社会[M].何博闻,译.北京:译林出版社,2004:15,21.

们每个人都勾画出了风险社会的一幅令人不安的危险前景"[①]。尼克拉斯·卢曼（Niklas Luhmann）也认为，我们生活在一个"除了冒险别无选择的社会"。显然，"风险社会"已经成为当今人类所处时代基本特征的形象描绘。

如今，"风险"已经从学者著作中的静态描述转变为人们切身感知的现实危机。仅仅在进入21世纪的二十年里，我们就已历经了众多触目惊心的重大危机：从2001年美国的"9·11"恐怖袭击事件到2003年席卷全球30多个国家的SARS疫情；从2004年的印度洋海啸、2005年美国卡特里娜飓风灾害到2008年震惊世界的中国汶川大地震；从2011年东日本大地震、2014年始发于西非的史上最严重的埃博拉疫情，再到当下这场全人类面临的最严重的新冠肺炎疫情公共卫生危机。如此种种，证明了这个世界再无平静的桃花源可寻。不管我们愿意与否，公共危机作为风险社会的实践性后果已经成为我们生活的一部分。我们已然生活在一个充满危机的世界，危机无处不在、危机频繁发生。在这样一个危机四伏的时代，如何应对危机并实现对公共危机的有效治理，已经成为当代世界各国政府共同面临的重大课题。正如曾任美国国防部长的罗伯特·斯特兰奇·麦克纳马拉（Robert Strange McNamara）所说："今后的战略可能不复存在，取而代之的将是公共危机管理。"[②]

当今世界已然处于全球性的风险社会时代，中国显然无法独善其身。尤其是随着社会主义市场经济的快速发展和改革开放的持续深入，我国已经步入社会急剧转型的关键时期，也不可避免地迎来了各类公共危机事件频发的高风险时代。国际经验表明：当一个国家或地区的人均GDP处于500～3 000美元时，社会进入黄金发展时期，也进入风险高发时期。正处于经济转轨、社会转型关键期的中国，在2003年人均GDP已达1 090美元，恰好对应着学者们所说的'非稳定状态'的频发阶段[③]。在由传统社会向现代社会过渡，内向型、自我封闭的计划经济体制开始向开放型的市场经济体制转变的过程中，产业的升级、社会结构的逐步分化、利益和权力的重新分配和转移，以及价值观念的转变等，带来了诸多动荡和潜在的不稳定因素，使我们面临着更为广泛、复杂、

[①] Giddens A. The Consequences of Modernity[M]. California: Stanford University Press, 1990: 125.
[②] 中国现代国际关系研究所危机管理与对策研究中心.国际危机管理概论[M].北京：时事出版社，2003: 4.
[③] 金进喜.现阶段我国政府危机管理紧迫性及其对策研究[J].中共浙江省委党校学报，2004，20(1)：99-103.

严重和突出的社会风险。自然灾害、事故灾难、公共卫生、社会安全等公共危机频繁发生，中国已经成为全球危机爆发最频繁，及由此造成经济损失最多的国家之一。事实上，各种层出不穷并造成巨大危害的自然灾害、事故灾难、公共卫生、社会安全等公共危机已经严重影响了社会的正常运作和国家的长治久安，也让人们深刻体会到生命难以承受之重。仅以自然灾害为例，中华人民共和国民政部统计资料显示，从 2008 年汶川地震以来，我国因自然灾害导致的受灾人次达 25 亿人次，因灾死亡（含失踪）人口 103 240 人，直接经济损失达 32 706.3 亿元。此外，每年社会安全事故夺去近 20 万人的宝贵生命，造成的经济损失高达 6 500 亿元，约占 GDP 总量的 6%[①]。著名历史学家汤因比认为，人类创造文明的可能性不在于其超然的生物天资和地理环境，而在于其对极端困难处境挑战的反应。因此，如何实现对公共危机的有效治理，如何预防危机、应对危机、变危机为契机，全面提升公共危机治理的能力和水平已经成为转型期中国政府面临的巨大挑战。

在各种突如其来的危机面前，我们在诉诸"多难兴邦"的伟大信念给自己以力量的同时，究竟还应该做些什么？人类个体的力量在突如其来的"天灾人祸"面前显得如此渺小，其实，这正是人类发明的"组织力量"体现其价值的时候。按照政治学的主流观点，政治的存在是人们为了规避无序状态的各种不确定性和危险而签订契约的产物。与这种逻辑上的契约关系相适应，在以民族国家为基本单元的现代社会中，政府作为全民的代理机构居于社会公共治理体系治理网络的核心[②]，其存在的价值就在于解决社会问题，响应并满足公众需求，以实现社会的有效治理。因此，作为公共服务的提供者和公共事务的管理者，拥有权力资源和组织资源的政府无疑是公共危机应对的天然主体，在公共危机管理中理应承担着最重要的职能与责任。然而，政府亦非"万能"，政府也有其自身所固有的缺陷，这种单一的危机管理主体在发挥既有作用的同时，也凸显出诸多不容回避的问题。尤其是随着危机爆发愈来愈频繁、危机愈来愈复杂，危机所造成的破坏性和影响性越来越巨大，政府作为单极治理主体是否有效的问题日益明显。政府所拥有的权力与资源已难以适应动态与弹性化的环境需求，其功能亦不足以涵盖所有社会成员的功能需求，传统的"单中心"的

[①] 张峰.国际合作：迎战公共危机的法宝：访中国国家"友谊奖"获得者世界卫生组织驻华代表贝汉卫博士[J].国际人才交流,2004(4)：5-7.
[②] 刘霞,向良云.公共危机治理[M].上海：上海交通大学出版社,2010：5.

公共危机管理模式内在缺陷日益凸显。显然，仅仅依靠政府自身的力量已经无法快速、有效地应对公共危机。

当政府的单极治理力不从心时，我们不得不思考向外寻求社会力量参与的可能，而社会组织作为社会的重要组织实体，在应对公共危机方面具有政府所无法比拟的独特优势与功能。在此背景下，由传统的"公共危机管理"跨越到实践所必需的"公共危机治理"，最大可能整合社会资源、吸纳各种社会力量，尤其是充分发挥社会组织在公共危机治理中的独特优势与功能，塑造全新的公共危机治理网络，实现治理主体的多元化，已经成为实现公共危机有效治理迫切的现实需求和必然选择。因此，社会组织参与公共危机治理必然因其重要意义而成为当前社会科学研究领域与公共管理实践的重大议题。

（二）研究意义

1. 理论意义

如何实现公共危机的有效治理已然成为危机时代国内外学术界关注的重大热点问题。从理论研究的脉络来看，虽然"危机"一词在中国古已有之，《晋书·诸葛长民传》中就有"贫贱常思富贵，富贵必履危机"之言，然而真正的危机研究却源于西方。危机管理理论是西方政治学研究的传统课题，一般认为，20世纪60年代末，美国俄亥俄州立大学教授赫尔曼·查尔斯（Hermann Charles F）将危机（crisis）作为一个学术范畴引入研究领域，开创了危机研究的先河[1]。此后，西方国家在危机理论的研究领域不断前行，危机理论逐渐成熟并发展成为一门独立的学科，尤其在美国、日本及欧洲等发达国家和地区得到前所未有的发展，取得了丰硕的理论成果。与此同时，西方国家在危机治理的实践探索方面也不断深入，积累了比较丰富的经验，并形成了相对成熟的公共危机治理模式。社会组织参与公共危机治理不仅成为西方学界的普遍共识，而且频繁见于公共危机治理的实践过程中。事实上，在美国、德国、英国、法国、日本等国家，社会组织已经成为危机管理重要的参与主体，成为各种危机应对中一支越来越活跃的力量，发挥着积极且不可替代的重要作用。

较之于西方发达国家，我国学术界对于公共危机的研究起步较晚，虽然自古以来就有诸如"居安思危""未雨绸缪"等丰富的危机管理思想，但始终未

---

[1] Hermann C F. Crises in Foreign Policy: A Simulation Analysis[M]. New York: The Bobbs-Merrill Company, 1969: 14.

能形成完整系统的理论。2003年的SARS病毒暴发引发了我国学界研究公共危机的热潮，涌现了诸多相关著作及研究论文。然而梳理现有的研究文献，我们发现，学者们的研究更多的是从政府层面研究公共危机的应对。尽管也有部分学者开始重视公共危机治理中社会力量的参与，尤其2008年的汶川地震以后，关于社会组织参与公共危机治理的研究开始增多。但是总体观之，大部分研究依然专注于政府管理层面。对于社会组织参与公共危机治理的研究缺乏一定的系统性，研究的广度和深度均有待深入。因此，本书拟从社会组织参与这一微观视角切入，进行全面探讨和深入研究，尝试为我国公共危机治理研究探索新的思路，以期为充实我国当前的公共危机管理理论体系略尽绵薄之力，同时为社会组织参与公共危机治理实践提供重要的理论支撑。

2. 现实意义

随着全球风险社会的到来，已经卷入全球化浪潮的中国自然无法独善其身。同时，中国如今正处于经济艰难转轨、社会深刻转型的关键历史时期，这种转型所带来的系统风险开始大量释放。当今的中国，防不胜防的自然灾害，令人担忧的环境污染和食品安全问题，时有发生的矿难、群体性事件，甚至暴力恐怖袭击，不仅严重威胁着公共安全与社会的和谐稳定，也是对政府的执政能力，尤其是驾驭复杂局势能力的严峻考验。

诚然，在巨大的危机面前，强大的政府无疑是应对危机最为有力的主体，但是公共危机治理机制的快速、高效运行却根植于一个健康成熟的社会，社会组织参与公共危机治理已成必然。2008年的汶川地震极大唤醒了中国民众的公民意识，在这次危机中，社会组织爆发出前所未有的参与热情。此后，在各类公共危机中，我们不时看到社会组织活跃的身影。然而，透过热闹纷繁的参与表象，我们发现，我国现阶段社会组织参与公共危机治理的现实状态不容乐观，公共危机治理中社会组织参与的空间相当有限，参与的总体水平还比较低，在实践中也暴露出诸多不容忽视的矛盾和问题。2011年6月在国内外都产生了巨大影响的"郭美美事件"将中国红十字会推上舆论的风口浪尖，遭遇公信力滑铁卢。此后，中华慈善总会的"尚德诈捐门"、中国青少年发展基金会的"中非希望工程"、百余艺术家为汶川地震时义拍筹措的8 472万元定向捐款被红十字会挪用并且没有告知捐款人、新冠肺炎防控初期的武汉红十字会备受质疑等一系列事件，更是让以中国红十字会为代表的拥有官方背景的社会组织"雪上加霜"，陷入严重的信任危机，迄今仍无反弹迹象。在空前的信任危机面前，社会组织在参与公共危机治理方面遭遇了巨大的困难。因此，全面深入地探讨这些问题，理性思考如何根据我国现阶段社会组织参与公共危机治理的现实状态，合理吸取发达国家的经验和教训，寻求发展和完善我国公共危机治理中社会组织参与的有效路径具有重要的现实意义。

二、基本概念及研究范围

就本书而言，明确研究范围关键在于界定参与主体和参与客体，而这取决于我们对社会组织和公共危机这两个核心概念的理解和阐释。

（一）社会组织

社会组织在学术上是个有争议的概念。在西方，由于不同国家文化背景和历史传统的差异和为了凸显组织某些方面的特性以及研究者个人的偏好等，对社会组织的称谓众多，如非营利组织、非政府组织、志愿者组织、公民社会组织、慈善组织、第三部门、免税组织、公益团体、社区组织、草根组织等，对社会组织的理解也是众说纷纭，形成了"概念丛林"和"术语纷争"。然而总体而言，这些概念在实质上并无根本差别。学者们普遍认可美国约翰霍普金斯大学萨拉蒙（Lester Salamon）教授的观点[①]，即无论这些组织的形式如何多样，称谓如何变化，都具备组织性、私有性、非营利性、自治性和自愿性这些基本属性。

随着国与国之间学术交流的日益频繁，我国学界对社会组织的研究日益关注，源于西方的非政府组织、非营利组织、第三部门、慈善组织等名词也开始传入我国，并在学界被广泛使用。同时，由于文化传统、国情，甚至语言习惯的差异，在汉语的语境中，社会组织还有一些极具本土特色和官方色彩的相关称谓，如社会团体、中介组织、人民团体、群众团体、民间组织等。2006年党的十六届六中全会首次提出社会组织这一新概念，党的十七大报告对其进一步确认。如今在我国官方用语中，社会组织这一提法已逐渐替代此前曾广泛使用的中介组织和民间组织等称谓，体现出我们党在新形势下执政理念和执政思维的重要转变。在学界和民众中，社会组织使用的频率也愈来愈高。本书统一使用社会组织这一称谓，但是在行文中，由于论证及引用的需要，也会出现与社会组织对应的，如非政府组织、非营利组织、慈善组织、志愿组织、第三部门、社会团体等其他概念。这些概念并无本质差别，在使用这些名称时，主要遵循两

---

① 萨拉蒙.全球公民社会：非营利部门视界[M].贾西津，等译.北京：社会科学文献出版社，2007：3.

个原则：一是根据不同国家的使用习惯及具体语境选择相应的名称；二是根据描述这类组织运行时所需要强调的相对属性而选择与之相适宜的名称①。

社会组织在我国官方行文中已经成为具有相对特定范围的名词，主要指法定的社会组织（社会团体、民办非企业单位和基金会）。但是从学术研究的角度，学者们对社会组织的界定往往和官方有不一样的概念范围。具体而言有以下几种代表性观点：第一，直接采用萨拉蒙教授的定义，即具有组织性、非政府性、私有性、自治性以及自愿性的组织。第二，从最广义的角度将社会组织界定为政府和企业之外的"一切社会组织的总和"，包括法定社会组织、免登记的社会组织、草根社会组织、国有事业单位。第三，从狭义的角度来界定社会组织，即只包括依据现行法规在各级民政部门登记注册的社团、民办非企业单位和基金会。第四，从中间意义上界定社会组织。这种界定介于广义和狭义之间，只包括法定社会组织和根据现行《社会团体登记管理条例》免于登记的22个人民团体，这些都是目前我国官方认可的社会组织。第五，还有部分学者将那些有政府背景的社会组织都排除在外，只将那些纯民间的草根组织视为真正的社会组织②。

本书从学术研究的角度对社会组织的概念范围提出以下几点思考：

第一，直接套用萨拉蒙教授的界定固然更符合社会组织的特质，但困扰在于，在我国转型期特殊的现实状态下，如果完全按照萨拉蒙教授的五特征标准来界定和理解中国的社会组织，我们几乎无法找到完全符合西方标准的社会组织，也难以全面描述中国公民社会的现实状况。

第二，第二种界定方式中社会组织的外延最广，但有两点值得商榷：一是将国有事业单位包括在内是否合适？虽然随着市场经济的进一步完善，多数国有事业单位的转型已是必然且正在进行之中，然而这一过程相当缓慢，从目前来看，并无可靠资料表明它们已经具备社会组织的某些基本特征。二是在单位内部活动的团体，由于其活动范围仅限于本单位内部，不得对外活动，是否应该纳入社会组织的范畴？

第三，是否应该将免于登记的社会团体排除在外？免登记的社会团体虽然与政府有着千丝万缕的联系，很大程度上行使着部分政府职能，其非政府性和自治性都比较弱，但是组织性却极高，尤其呈现出较强的非营利性和自愿性，这才是它们真正区别于政府部门的地方。

---

① 陈振明.公共管理学[M].北京：中国人民大学出版社,2005：334-337.
② 唐东生.近年来国内 NGO 研究述评[J].改革,2004(2)：101-104.

第四，将草根社会组织置于社会组织的范畴之外，在本书看来也许是更大的缺憾。首先，草根社会组织虽然在组织性上有所欠缺，但是就非政府性、非营利性、自治性和自愿性而言，它们是目前我国最典型、最接近于萨拉蒙教授界定的社会组织。其次，从现实来看，目前我国草根社会组织囿于双重管理体制的登记门槛较高而无法进入法律规范体系，但其数量众多，已远远超过法定社会组织的数量。无论是对于官方还是学界，数量庞大的草根社会组织的存在已是我们无法忽视的事实。即便将来社会组织登记管理体制不断完善，但是根本不可能也无法将全部社会组织都纳入正式的管理体制之内，因而未登记的草根社会组织的存在仍将是一种长期现象①。最后，草根社会组织在危机治理中已然发挥着越来越重要的作用，汶川大地震中众多草根组织爆发出巨大能量，其出色表现丝毫不逊于官方背景的社会组织。

第五，将那些具有不同程度政府背景、具有独特"官民二重性"的社会组织都排除在外同样不符合转型期我国公民社会发展的现实状态。

鉴于上述分析，本书认为对现时期我国社会组织进行界定可以从三个方面进行考量：第一，是否不同程度具备社会组织的某些基本特征，尤其是国内学者普遍认同的"非营利性"和"志愿性"。第二，不能脱离转型期我国公民社会发展的现实状态。第三，要以发展的眼光，从研究和促进我国社会组织和公民社会成长的角度出发。基于以上考量并综合借鉴各位学者的观点，本书倾向于不将定义限制得过于严格，而是以更加开放的视角和宽泛的标准进行界定，即社会组织是指政府体系之外、不以营利为目的、具有不同程度独立性和自治性，而且能满足志愿性和公益性要求的正式组织。在外延上包括免于登记的社会团体、法定社会组织和草根社会组织。转型中的事业单位、政府机构改革带来的新的组织变化、在单位内部活动的团体以及在华国际NGO（非政府组织）暂不列入本书研究的范畴。而萨拉蒙教授所界定的社会组织，或可作为我国社会组织未来发展的愿景。

（二）公共危机

从国内外学者的研究来看，对于公共危机的界定主要有两个视角②。一是

---

① 国务院发展研究中心社会发展研究部课题组.社会组织建设：现实、挑战与前景[M].北京：中国发展出版社，2011：23，218.
② 在西方的研究文献中，没有对应"公共危机"的专门英文词汇。多数研究者在使用中并没有严格进行区分，相当部分危机的概念，实际上指的是公共危机。

倾向于从"事件"的角度来定义公共危机。如罗森塔尔（Robert Rosenthal）认为："危机是指对一个社会系统的基本价值和行为准则架构产生严重威胁，并且在时间压力和不确定性极高的情况下必须对其做出关键决策的事件。"① 二是倾向于将公共危机视为一种情境状态。西方危机研究的先驱赫尔曼从危机决策环境的视角给公共危机下了一个经典的定义："危机就是一种情境状态，其决策主体的根本目标受到威胁，在改变决策之间可获得的反应时间有限，其发生也出乎决策主体的意料。"② 斯蒂尔曼（Richard J. Stillman）也将公共危机视为"社会偏离正常轨道的过程与非均衡状态"③。国内研究公共危机的知名学者薛澜、张强、张成福等在借鉴国外经典定义的基础上也提出了各自的理解，视角的差异同样在于公共危机究竟是具体事件还是一种状态。

将公共危机定位于"事件"还是"状态"对本书研究至关重要。本书认为，公共危机和公共危机事件不能简单画等号。虽然危机常常表现为突发性、威胁性的紧急事件，但是具有隐藏在现象背后的本质。公共危机是一种有着复杂前因后果，经历"峰态""谷态"等完整生命周期演变，有着内外部多重利害关系的持续压力状态。因此，无论在危机治理的理论研究层面，还是实践层面，我们都不能仅仅将其视为一个或一系列单纯的突发事件进行研究和回应，而要着眼于危机的来龙去脉和危机演变的全过程，突破惯例与常规进行状态修复和系统重建，从根本上探寻公共危机治理之道。这个认知也与本书研究的公共危机治理理念与治理实践相契合。

因此，本书中的公共危机是指："严重威胁与危害社会公共利益，并引发社会混乱和公众恐慌，需要以政府为主体的公共部门介入，运用公共权力、公共政策和公共资源紧急应对和处理的危险境况和非常事态。"④ 就具体范围而言，是指与公众生命安全、健康等直接相关同时又需动员社会力量广泛参与的危机，主要包括重大自然灾害危机、事故灾难危机、公共卫生危机和社会安全危机等，而诸如政治危机、战争危机、外交危机以及经济危机等，因其专业性较强、处理程序也极为特殊，社会组织参与的空间相当狭窄，加之笔者的研究视野和研究能力有限，固不纳入本书的研究范畴。

---

① 罗伯特·希斯.危机管理[M].王成,等译.北京：中信出版社,2001：20.
② Hermann C F. International Crises: Insights From Behavioral Research[M]. New York: Free Press, 1972: 22.
③ 斯蒂尔曼.公共行政学[M].李方,等译.北京：中国社会科学出版社,1989：114.
④ 夏书章.行政管理学[M].广州：中山大学出版社,2008：387.

需要说明的是，在描述公共危机时，突发公共事件、突发紧急事件等名词也往往作为同义词而加以使用。一般而言，学术研究中学者大多使用公共危机的概念，而实践领域的公共管理者通常使用突发公共事件、突发紧急事件等概念，如我国官方用语中就经常使用突发公共事件的概念。本书认为，虽然公共危机与突发公共事件、突发紧急事件在内涵上具有很大的共性，但它们还是有差异的。突发公共事件强调事件发生的突然性、不可预测性，突发紧急事件强调事件的紧迫性，急需管理者快速应对①。这两个概念更多着眼于事件本身的影响和应对，所涵盖的时间外延也显得过于狭窄。而公共危机更强调危机的严重性以及影响的持续性，其含义更加宽泛。因此，本书统一使用"公共危机"这一概念作为研究的逻辑起点。

三、国内外相关研究述评

（一）国外相关研究综述

1. 有关公共危机治理的研究

公共危机治理很大程度上根源于公共危机管理，这两个概念虽然差异巨大，但又有着相当紧密的联系，因此，要梳理公共危机治理的研究脉络，必然要从公共危机管理开始。早期的危机研究主要局限于企业危机领域。第一次世界大战以后，美国等西方发达国家开始重视危机管理方面的研究，此后，危机管理理论逐渐成为西方政治学、经济学、管理学等诸多学科领域研究的重要课题。综观国外学术界危机管理研究的状态，我们可以发现，国外危机管理的研究成果主要集中于欧美等发达资本主义国家，经历了一个逐步发展的过程，大致可以分为以下四个阶段：

第一阶段：19世纪初至20世纪60年代初。这一时期是西方危机管理研究的早期实践探索阶段。1803年美国新罕布什尔（New Hampshire）州颁布的火灾法案通常被认为是第一个灾害法规。在此后相当长的时间里，人们对危机的认识仍然停留在"天灾人祸"，因而这一时期的危机管理基本上是对自然灾害的被动应对，仍处于危机管理研究的早期实践探索阶段，远未上升到理论研究层面，更未形成一门独立的学科。

第二阶段：20世纪60年代初至80年代末。20世纪60年代初，危机管理理论开始在国际领域作为一门独立学科出现，危机管理逐渐进入系统研究和理

---

① 薛澜,张强,钟开斌.危机管理[M].北京：清华大学出版社,2003：25.

论探索阶段，这一时期危机研究的重点是国际政治危机。

二战结束后，美苏两极格局所引发的复杂的国际纷争导致社会危机不断，西方学者逐渐将关注的目光投向政治与国际关系领域的危机管理，研究的内容主要聚焦于危机状态、危机应对、危机决策等，由此也引发了西方危机管理研究的第一次高潮，相继出现了一系列危机管理研究的学术成果。1966年，巴肯（Alastair Buchan）在《大西洋论丛Ⅱ》上发表的《危机管理：新的外交》被认为是目前见之于文献的、最早的有关危机管理方面的专著，成为危机管理由早期实践探索步入理论研究的重要标志。戴恩斯（R. R. Dynes）的《灾难中的组织行为》（*Organized Behavior in Disaster*）[①]、赫尔曼编辑出版的论文集《国际危机：一种行为主义的研究视角》（*International Crisis：Insight from Behavioral Research*）[②]、理查德·勒博（Richard Ned Lebow）的《核危机管理：一个危险的错误》（*Nuclear Crisis Management：A Dangerous Illusion*）[③] 也是这一时期国际政治危机管理研究方面极具代表性的力作。此外，昆特里在《灾害危机管理——研究发现的概述》（*Disaster Crisis Management：A Summary of Research Findings*）[④] 一文中，对如何管理灾害性危机进行了比较全面的阐述。还有些学者开始关注一般性的公共危机管理理论和实践的研究，如史蒂文·芬克（Steven Fink）在其《危机管理——对付突发公共事件的计划》（*Crisis Management：Planning for the Inevitable*）[⑤] 一书中，将危机分为征兆期、发作期、延续期和痊愈期四个阶段。

第三阶段：20世纪90年代初至2001年"9·11"前。随着冷战结束、全球化的到来，国际社会各领域的合作与联系日益增强，危机管理的理论研究也逐渐突破了传统的政治与国际关系领域的范畴。学者们开始从更宽泛的角度、更高的层面对危机管理理论进行系统研究，从而掀起了新一轮的研究热潮。总体观之，这一时期研究的重点是自然灾害和人为灾难危机，更加侧重于技术层面的研究，如危机管理模型的设计、危机控制过程中的技术与方法以及公共危

[①] Dynes R R. Organized Behavior in Disaster[M]. Lexington：Lexington Books，1970.
[②] Hermann C F. International Crisis：Insight from Behavioral Research[M]. New York：Free Press，1972.
[③] Lebow R N. Nuclear Crisis Management：A Dangerous Illusion[M]. New York：Cornell University Press，1987：247-254.
[④] Quarantelli E L. Disaster Crisis Management：A Summary of Research Findings[J]. Journal of Management Studies，1988，25(4)：373-385.
[⑤] Fink S. Crisis Management：Planning for the Inevitable[M]. New York：American Management Association，1986.

机管理体制与机制的建构等。

美国危机管理大师罗伯特·希斯（Robert Heath）提出了著名的危机管理 4R 模型，即 Reduction（缩减期）、Readiness（准备期）、Response（反应期）、Recovery（恢复期）[①]。米特罗夫（Ian Mitroff）将危机管理分为五个阶段（即信号侦测、探测和预防、控制损害、恢复和学习阶段）。诺曼·奥古斯丁（Norman R. Augustine）提出了危机管理的六阶段模型（避免危机阶段、危机管理的准备阶段、确认危机阶段、控制危机阶段、解决危机阶段、总结评估和从危机中获利阶段）[②]。克里斯汀·皮尔森（Christine M. Pearson）则认为危机管理实践难以取得理想成效，是因为危机管理研究缺乏系统化思考，尤其是对危机预警的研究严重不足，他试图整合心理学、社会学和政治学等多学科的知识来进行危机管理方面的研究[③]。英国学者迈克尔·雷吉斯特（Michael Regester）等则强调在错综复杂的危机情境中，需要特别关注公共价值观、社会公众的期待以及大众传媒的动向[④]。劳伦斯·巴顿（Laurence Barton）的 *Crisis in Organizations II：Managing and Communicating in the Heat of Chaos*[⑤] 等也是这一时期主要的研究成果。与此同时，一些危机研究的专门机构也开始出现，较具影响的如美国行政管理学会的危机管理分会、瑞典的危机管理研究和培训中心等机构。

第四阶段：2001 年"9·11"后至今。进入 21 世纪后，随着公共危机涉及的领域日趋多元化，危机管理的研究亦愈来愈呈现多元化趋势。

2001 年震惊世界的"9·11"恐怖袭击使得恐怖主义等非传统安全成为国际社会高度关注的敏感问题，学界对公共危机管理的研究很快集中到反恐怖主义的国家安全领域。2003 年几乎席卷全球的 SARS 危机进一步引起了研究者对公共卫生危机的关注。此后，诸如印尼海啸、卡特里娜飓风、汶川地震、东日本大地震，尤其是 COVID-19 全球大流行等一系列极具影响力的重大公共危机的爆发，吸引了越来越多研究者的目光，引发了危机管理研究的新高潮。

---

① 希斯.危机管理[M].王成,等译.北京：中信出版社,2001：35.
② 奥古斯丁.危机管理[M].北京：中国人民大学出版社,2001：28.
③ Pearson C M, Clair J A. Reframing Crisis Management[J]. Academy of Management Review, 1998, 23(1)：59.
④ [英]迈克尔·雷吉斯特.风险问题与危机管理[M].谢新洲,等译.北京：北京大学出版社,2005.
⑤ Barton L. Crisis in Organizations：Managing and Communicating in the Heat of Chaos[M]. 2nd ed. Boston：CENGAGE Learning，2000.

如何预防危机的发生，如何缩减由于突发危机事件所引起的国家政治、经济和社会失序而带来的影响，成为西方学者研究的重要内容。罗森塔尔（Uriel Rosenthal）的《危机管理：威胁、困境和机遇》（*Managing Crises：Threats, Dilemmas, Opportunities*）①、劳伦斯·巴顿的《危机管理：一套无可取代的简易危机管理方案》（*Crisis Leadership Now：A Real-World Guide to Preparing for Threats, Disaster, Sabotage, and Scandal*）②、托马斯·费伦（Thomas D. Phelan）的《应急管理与战术应对：缩小差距》（*Emergency Management and Tactical Response Operations：Bridging the Gap*）③、William Rick Crandall 等的《危机管理的新战略景观》（*Crisis Management in the New Strategy Landscape*）④以及 Otto Lerbinger 的《危机管理者：面对灾难、冲突和失败》（*The Crisis Manager：Facing Disasters, Conflicts, and Failures*）⑤，都是这一时期颇具影响力的重要成果。还有些学者则将研究的视野聚焦于灾害性危机，如 Hyndman Donald W. 和 Hyndman David 的《自然风险与灾难：2005 年飓风》（*Natural Hazards and Disasters：2005 Hurricane*）⑥、阿什利·D. 罗斯（Ashley D. Ross）的《地区性灾害的恢复力：行政和政治的视角》（*Local Disaster Resilience：Administrative and Political Perspectives*）⑦、Caroline Brassard 等的《亚太地区的自然灾害管理：政策与治理》（*Natural Disaster Management in the Asia Pacific：Policy and Governance*）⑧以及 Anthony J. Masys 的《灾害管理：使灾后恢复成为可能》（*Disaster Management：*

---

① Rosenthal U, Boin A, Comfor L K. Managing Crises：Threats, Dilemmas, Opportunities[M]. Springfield：Charles C Thomas Pub Ltd, 2001.
② Barton L. Crisis Leadership Now：A Real-World Guide to Preparing for Threats, Disaster, Sabotage, and Scandal[M]. New York：McGraw-Hill, 2007.
③ Phelan T D. Emergency Management and Tactical Response Operations：Bridging the Gap[M]. Oxford：Butterworth-Heinemann, 2008.
④ Crandall W R, Parnell J A, Spillan J E. Crisis Management in the New Strategy Landscape[M]. London：SAGE Publications Inc, 2009.
⑤ Lerbinger O. The Crisis Manager：Facing Disasters, Conflicts, and Failures[M]. 2nd ed. London：Routledge, 2011.
⑥ Hyndman D W, Hyndman D. Natural Hazards and Disasters：2005 Hurricane[M]. 2nd ed Brooks/Cole, 2008.
⑦ Ross A D. Local Disaster Resilience：Administrative and Political Perspectives[M]. London：Routledge, 2014：2.
⑧ Brassard C, Howitt A M, Giles D W. Natural Disaster Management in the Asia Pacific：Policy and Governance[M]. Tokyo：Springer Verlag, 2014：12.

Enabling Resilience)①；2020 年，学者 Peter Nathanial 和 Ludo Van der Heyden 在《危机管理：COVID-19 应用的框架和原则》中开始对非营利组织如何参与新冠肺炎疫情的应对进行探索。

此外，许多国家还相继建立应急体系，制定应急预案以应对各种突发性危机，并成立专门机构负责危机时期的信息发布以及加强与大众传媒的交流沟通。随着网络技术的迅猛发展，以计算机和网络平台为基础的各类应急反应信息系统亦相继诞生。美国、加拿大等国家还成立了多家独立的危机管理咨询公司，专门开展危机管理的相关咨询。不仅如此，在各大学管理学院和商学院，危机管理也已成为普遍讲授的重要课程。2003 年 1 月 25 日，美国国土安全部的成立，更是标志着危机管理在美国已经逐步上升为国家机制，成为整个国家安全体系的重要组成部分。

2. 有关社会组织参与危机管理的研究探索

重视包括非政府组织在内的社会力量在公共危机管理中的作用是西方发达国家危机管理研究中的重要趋势，无论是在理论研究方面还是实践探索方面均相对成熟，取得了许多重要成果。

（1）理论研究方面

1989 年，罗森塔尔等在《危机管理：应对灾害、暴乱与恐怖主义》一书中指出，深层次的社会管理系统将会影响公共危机的有效应对②。美国社会学教授 E. L. Quarantelli 在其多篇研究论文中，从社会学视角深入探讨了非政府组织在各类危机紧急应对中的作用③。而在学者 Nilufar 和 Muhammad 看来，危机管理是全程管理，而非仅仅是被动的危机响应和处理，他们结合了所在国危机管理的实践，提出非政府组织在危机管理中的功能应该体现在两个方面：危机前的准备与危机后的救济与恢复④。Emmanuel 认为非政府组织参与危机管理具有知识和经验上的优势，并对非政府组织参与危机管理的策略、手段、

---

① Masys A J. Disaster Management：Enabling Resilience[M]. Cham：Springer International Publishing AG，2014：12.
② 参见：Lerbinger O. The Crisis Manager：Facing Disasters，Conflicts，and Failures[M]. 2nd ed. London：Routledge，2011.
③ 参见：苏德辉.公共危机治理中的民间组织参与问题研究——以 5·12 汶川大地震为例[D].苏州：苏州大学，2009.
④ Nilufar M，Mohammed T. The Changing Emphasis of Disasters in Bangladesh NGOs[J]. Disasters，2001，25(3)：227-239.

方式等进行了探讨①。

"9·11"恐怖袭击事件之后，国外学者更加强调非政府组织要在灾难的防备、紧急计划以及灾后处理等方面发挥积极作用。学者 BulloCk 认为要提升政府危机管理的能力，需要实现政府和包括非政府组织在内的全社会的共同参与②。莱斯特·M. 萨拉蒙教授在进行非政府组织国际比较研究中发现，非政府组织对包括危机治理在内的社会管理和社会发展起着巨大的推动作用③。2003 年，世界经合组织在"Emerging system risks in the 21st Century: an agenda for action"报告中指出：面对 21 世纪层出不穷的新风险，要采用综合协调的方式，把政府、志愿者、民间机构团结和互动在一起，做好应对计划、组织和安排④。学者 Koppenjan⑤ 以及 IEMS（Integrated Emergency Management System）⑥ 也强调，要有效增强危机应对的能力，必须整合社会资源，构建共同应对危机的社会网络。

2005 年美国政府在"卡特里娜飓风"危机应对中的大失败，使学者们更加认识到合作网络对公共危机治理的重要性。他们指出，成功的危机管理"需要有组织的非政府行动者、政府行动者以及组织良好、长期存在的应急团体共同参与。没有哪一种力量拥有全部的控制权"，合作是必要的，合作将使危机治理更加迅速、更为有效⑦。联合国 UNITAR（Unite Nations Institute for Training and Research）研究小组在国际研讨会上专门强调了公众和公共部门的合作在危机管理中的重要作用⑧。学者 Fariborz 也指出，在未来社会中，非政府组织将广泛渗透到社会生活的方方面面，发挥着越来越重要的作用，"非政府组织参与危机管理将是其理所当然的选项"⑨。Jack Pinkowski 则通过北美

---

① Emmanuel M. Disaster Mitigation and Preparedness: The Case of NGOs in the Philippines[J]. Disasters, 2001, 25(3): 216-226.
② 转引自：Wybo J L, Lonka H. Emergency Management and the Information Society: how to improve the synergy? [J]. International Journal of Emergency Management, 2002(12): 183-190.
③ 萨拉蒙.全球公民社会：非营利部门视界[M].贾西津,等译.北京：社会科学文献出版社,2007: 3.
④ 经济合作与发展组织(OECD).21 世纪面临的新风险：行动议程[M].北京：清华大学出版社,2005.
⑤ Koppenjan J, Klijn E H. Managing Uncertainties in Networks[M]. London: Routledge, 2004.
⑥ 转引自：沈荣华.政府应急管理：来自国际的经验[J].中国社会导刊,2005(22).
⑦ William L Waugh. Jr. preface[J]. Annals of the American Academy of Political and Social Science, 2006, 604(1): 6-9.
⑧ Akiko Miyahara. Capacity Building for Disaster Management and Public Safety Response at the Local Level[J]. Unite Nations Institute for Training and Research, 2006(10).
⑨ Fariborz G. Governance: The Rising Role of NGOs[J]. Industrial Management, 2007, 49(1): 8-12.

及世界各国发生的众多灾害案例分析了非政府组织参与灾害管理的作用①。此外，Ashley D. Ross②、Caroline Brassard, Arnold M. Howitt 和 David W. Giles③、Anthony J. Masys④ 等学者的研究中均有非政府组织参与公共危机治理的相关论述。

而肆虐全球的 COVID-19 再次引发了西方学界对危机治理的强烈关注。2020 年，Peter Nathanial 和 Ludo Van der Heyden 在《危机管理：COVID-19 应用的框架和原则》中探讨了非营利组织如何参与新冠肺炎疫情的应对。

（2）实践探索方面

在社会组织参与公共危机治理的实践探索方面，西方发达国家普遍形成公共危机治理中的社会参与机制。首先，西方国家经过多年发展，大多建立起一套包括危机应对计划、危机应对网络、核心协调机构、社会应对力量等在内的全政府型、全社会型危机应急管理系统，以提高整体的危机应对能力。例如在美国，已经形成了非政府组织及市民参与的危机管理社会网络；美国联邦政府还在全国范围内发起了"市民团队"（Citizen Corps）计划，引导公民组织在危机治理中发挥更大的作用，尤其是在以社区为单位的预警和防范机制方面积累了许多经验。日本在阪神大地震后也开始建立包括非政府组织、社区、企业、公众等在内的全民抗灾的危机管理体系。其次，注重通过法律法规来规范和引导社会力量广泛参与危机管理。如美国国土安全部联合其他部门制订了《国家应急反应计划》，该计划强调，要重视公民组织、社会团体等在危机预防、危机应对以及危机善后中的作用。此外，许多西方发达国家在危机治理实践中重视危机治理系统各层次的信息交流和分享，设立专业的危机综合管理部门以加强危机治理中各部门、组织、公众间的协调和信息共享。

（二）国内相关研究成果综述

1. 有关危机管理的研究

危机管理在我国古已有之，然而较之于西方，真正现代意义上的危机管理

---

① Jack Pinkowski. Disaster Management Handbook[M]. Auerbach Publishers Inc, 2008：1.
② Ross A D. Local Disaster Resilience：Administrative and Political Perspectives[M]. London：Routledge, 2014：2.
③ Brassard C, Howitt A M, Giles D W. Natural Disaster Management in the Asia Pacific：Policy and Governance[M]. Tokyo：Springer Verlag, 2014：12.
④ Masys A J. Disaster Management：Enabling Resilience[M]. Cham：Springer International Publishing AG, 2014：12.

研究在我国起步较晚，无论是研究成果的数量还是质量，均与西方存在着不小差距。纵观危机管理研究在我国的发展历程，大致经历了以下四个阶段：

第一阶段：20世纪80年代末至2001年"9·11"前。这一时期是我国现代危机管理研究的早期阶段，研究的成果相对较少。最初的研究主要集中于政治领域，尤其是国际政治和国际关系等领域。1989年，潘光主编的《当代国际危机研究》[①] 堪称我国第一部有关危机的学术专著。此后，有部分学者开始从公共管理学的视角来研究国内危机。1998年，许文惠与张成福的《危机状态下的政府管理》[②] 一书的出版，标志着我国危机管理研究从以国际危机研究为主转向国内危机研究。

第二阶段：2001年"9·11"后至2008年汶川地震前。2001年美国的"9·11"事件触发了公共危机管理研究在世界范围内的高涨，而2003年SARS在中国的流行则直接引发了国内公共危机管理研究的第一次高潮。专门的研究课题和专门的研究机构相继出现，新的研究成果也不断问世，研究的视角大都是围绕以政府为主体的公共危机管理，着眼于构建政府危机管理体制。学界虽然已经意识到社会组织在公共危机治理中的积极作用，但是相关研究非常少，主要是一些研究论文。

第三阶段：2008年汶川地震至2019新冠肺炎疫情前。2008年的汶川地震触发了我国公共危机管理研究的第二次高潮，无论是学术论文、硕博士论文还是相关研究著作均呈现出急剧上升的趋势。总体看来，除了张海波[③]等部分学者引介国外理论，对公共危机的属性、分类、生命周期等理论问题展开学术探讨之外，更多的学者倾向于走实用路线，研究视角主要集中于政府应该如何治理公共危机，特别是公共危机治理机制的构建。关于公共危机治理机制的构建主要有以下几种视角：一是强调制度建设，以林毅夫[④]、薛澜[⑤]、肖金明[⑥]、王乐夫[⑦]、金

---

① 潘光.当代国际危机研究[M].北京：中国社会科学出版社，1989.
② 许文惠，张成福.危机状态下的政府管理[M].北京：中国人民大学出版社，1998.
③ 张海波.中国转型期公共危机治理：理论模型与现实路径[M].北京：社会科学文献出版社，2012.
④ 林毅夫.完善危机管理体系关键是建立体制化机制[J].领导决策信息，2003(20)：23.
⑤ 薛澜，张强，钟开斌.危机管理[M].北京：清华大学出版社，2003：25.
⑥ 肖金明.反思SARS危机：政府再造、法治建设与道德重建[J].中国行政管理，2003(7)：17-22.
⑦ 王乐夫，马峻，郭正林.公共部门危机管理体制：以非典型肺炎事件为例[J].中国行政管理，2003(7)：23-27.

太军①、王学军②等学者为代表。这种观点从纯理性主义出发，认为危机应对不力的关键在于相关制度存在缺陷。因此，危机管理要想取得实效，制度的建构和扩张是一种治本之道，要以制度建设为核心，同时，法律和道德皆是制度安排中不可或缺的重要内容。二是重视实践经验，以王德迅③、赵成根④、唐钧⑤、李晶⑥等学者为代表。这种观点更加重视实践经验，主张对国内外具有深远影响的公共危机管理的典型案例进行分析和总结，汲取经验和教训，为实现政府对公共危机的有效应对提供助力。三是关注公共关系学的理论和方法在公共危机管理中的运用。徐刚、黄训美⑦、高世屹⑧、周晓丽⑨等学者认为，在公共危机管理中，不应忽视非制度化的管理艺术，科学地运用公共关系学的理论和方法，可以帮助政府获得更多的公众支持，减少政府的交易成本，从而更有效地应对危机。四是认为要构建包括多种要素及其相互作用的全面整合的政府危机管理体系，以张成福⑩等学者为代表。这种观点认为，由于现代公共危机的高度复杂性和多样性，单项的资源、模式和策略已经无法满足政府危机应对的需要，必须构建包括政策法律制度体系、各种资源支持系统、社会协作网络等要素的、全面整合的政府危机管理体系。五是主张公共危机管理要实现多元共治。曹现强、赵宁⑪、刘霞、张小进⑫、周斌、马丽萍⑬、张智新、孙严⑭等学者强调公共危机管理中多元主体的参与，并分别从不同的角度就如何

---

① 金太军."非典"危机中的政府职责考量[J].南京师范大学学报,2003(4):14-24.
② 王学军.预警、反应与重建:当代中国政府危机管理体系的构建[J].理论探索,2004(4):81-86.
③ 王德迅.国外公共危机管理机制纵横谈[J].求是,2005(20):59-61.
　王德迅.泰国灾害管理体制研究[J].东南亚纵横,2014(9):28-32.
　王德迅.日本灾害管理体制改革研究——以"3·11东日本大地震"为视角[J].南开学报,2016(6):86-92.
④ 赵成根.国外大城市危机管理模式研究[M].北京:北京大学出版社,2006.
⑤ 唐钧.公共危机管理:国际动态与建设经验[J].新视野,2003(6):47-49.
⑥ 李晶.政府网络公关在公共危机治理中的效用分析[J].行政论坛,2017(4):82-87.
⑦ 徐刚,黄训美.政府危机管理中的公共关系问题研究[J].中国行政管理,2004(5):14-16.
⑧ 高世屹.媒体在政府危机管理中的作用[EB/OL].中评网,2003-06-14.
⑨ 周晓丽.论政府公共关系与公共危机的治理[J].理论月刊,2008(5):97-101.
⑩ 张成福.公共危机管理:全面整合的模式与中国的战略选择[J].中国行政管理,2003(7):6-11.
⑪ 曹现强,赵宁.危机管理中多元参与主体的权责机制分析[J].中国行政管理,2004(7):85-89.
⑫ 刘霞,张小进.试论公共危机治理中多元参与主体的博弈及制度选择[J].学术论坛,2005,28(3):71-73.
⑬ 周斌,马丽萍.公民治理视角下的我国公共危机多元治理[J].江西社会科学,2014,34(6):189-193.
⑭ 张智新,孙严.公共危机中多元主体协同治理机制探究:以北京市"11·18"火灾为例[J].行政管理改革,2019(4):77-83.

实现公共危机管理的多元共治提出自己的设想。

需要说明的是，这种划分并非绝对，只是学者们关注的侧重点有所差异而已。此外，这一时期的研究除了继续关注原有的研究领域外，公共危机管理中社会力量的参与引起了学者们的重视，而社会组织参与公共危机治理也开始进入更多学者的研究视野。

第四阶段：新冠肺炎疫情发生至今。新冠肺炎是近百年来人类遭遇的影响范围最广的全球性大流行病，新冠肺炎疫情是新中国成立以来传播速度最快、感染范围最广、防控难度最大的一次重大突发公共卫生事件。新冠肺炎疫情的全球暴发，再次引发了我国学界对公共危机治理的极大关注，涌现出《正本清源——重大疫情下的虚假信息治理》[1]《依法战疫——重大公共卫生事件中的法治之维》[2]《新冠肺炎疫情下红十字会的信用危机及公信力重塑——基于SCCT理论的分析》[3]《国际合作视域下的全球抗疫》[4]《韩国应对新冠肺炎疫情危机的举措及其启示》[5]《数字时代的公共危机协同治理——以2020年我国抗击新冠肺炎疫情为例》[6]《重大公共危机事件与舆论舆情——新媒体语境中的考察》[7]《后疫情时代，世界向何处去》[8]《全球性公共卫生危机治理：趋势与重点》[9]《复杂性视角下公共危机多元主体协同治理行为的影响因素与行动路径——基于元分析与模糊集QCA的双重分析》[10]等诸多有影响的成果。

2. 有关公共危机治理中社会组织参与的研究

我国公共危机治理的研究起步较晚，且主要集中于政府层面，对于社会组织参与公共危机治理的研究，学界涉及较少，只在一些著作或研究论文中零星提

---

[1] 李彪.正本清源：重大疫情下的虚假信息治理[M].北京：中国人民大学出版社,2020.
[2] 莫于川,林嘉,田宏杰,等.依法战疫：重大公共卫生事件中的法治之维[M].北京：中国人民大学出版社,2020.
[3] 张丽,李秀峰.新冠肺炎疫情下红十字会的信用危机及公信力重塑：基于SCCT理论的分析[J].云南行政学院学报,2020(5)：126-133.
[4] 张贵洪,李因才,邱昌情,等.国际合作视域下的全球抗疫[M].合肥：黄山书社,2021.
[5] 王晓玲.韩国应对新冠肺炎疫情危机的举措及其启示[J].四川大学学报,2020(4)：67-74.
[6] 洪一晨,张成福.数字时代的公共危机协同治理：以2020年我国抗击新冠肺炎疫情为例[J].求是学刊,2020(6)：10-16.
[7] 丁柏铨,夏雨禾,丁晓蔚.重大公共危机事件与舆论舆情：新媒体语境中的考察[M].北京：高等教育出版社,2021.
[8] 张政.后疫情时代，世界向何处去[M].北京：外文出版社,2021.
[9] 张辉,刘远立,陈春花.全球性公共卫生危机治理：趋势与重点[J].管理科学学报,2021(8)：133-146.
[10] 山少男,段霞.复杂性视角下公共危机多元主体协同治理行为的影响因素与行动路径——基于元分析与模糊集QCA的双重分析[J].公共管理与政策评论,2022(1)：104-119.

及。SARS危机后，相关的研究论文开始出现。"5·12"汶川大地震后，社会组织参与公共危机治理的研究逐渐增多。这些研究成果对我们进一步深入探索弥足珍贵，主要集中在以下方面：一是社会组织参与公共危机治理的必要性研究，认为公共危机的有效应对离不开社会组织的有效参与。二是社会组织参与公共危机治理的作用研究，主要分析社会组织在公共危机治理中的独特优势和功能。三是社会组织参与公共危机治理中存在的问题研究，从公共危机治理的法律制度体系、社会组织自身发展现状、社会组织参与公共危机治理的能力和水平，以及公众对社会组织的认同度等维度剖析我国社会组织有效参与公共危机治理的阻滞因素。四是社会组织有效参与公共危机治理的路径、策略的选择研究。较具代表性的学者有：张成福[1]、毛寿龙[2]、朱国云[3]、徐祖荣[4]、薛澜[5]、沈荣华[6]、贾西津[7]、金太军[8]、张海波、童星[9]、张勤[10]、朱淑琴、吴肖淮[11]、梁宇栋[12]、周学荣[13]等。新冠肺炎疫情的全球暴发引发了我国学界研究公共危机治理的新高潮，在涌现出的诸多成果中，有不少学者将研究视角指向社会组织在公共危机治理中的参与，如王猛[14]、刘炳辉[15]、焦克源[16]、徐顽强、张婷[17]、曹胜亮、胡

---

[1] 张成福.公共危机管理：全面整合的模式与中国的战略选择[J].中国行政管理,2003(7)：6-11.
[2] 毛寿龙.SARS危机呼唤市民社会[J].中国改革,2003(7)：6.
[3] 朱国云.特大危机管理中的政府防治与民间救援[J].江海学刊,2004(1)：88-93,222-223.
[4] 徐祖荣.治理与善治语境下公共危机的多元共治模式[J].华东理工大学学报(社会科学版),2008(3)：74-80.
[5] 薛澜,朱琴.危机管理的国际借鉴：以美国突发公共卫生事件应对体系为例[J].中国行政管理.2003(8)：51-56.
[6] 沈荣华.非政府组织在应急管理中的作用[J].新视野,2005(5)：11-13.
[7] 贾西津.NGO：挡风高墙中的水泥[J].决策,2005(8)：23-24.
[8] 赵军锋,金太军.论非政府组织参与危机管理的演化逻辑：基于治理网络的视角[J].学术界,2013(8)：44-52,308.
金太军,张健荣.重大公共危机治理中的NGO参与及其演进研究[J].华中师范大学学报,2016(1)：21-28.
[9] 张海波,童星.巨灾救助的理论检视与政策适应：以"南方雪灾"和"汶川地震"为案例[J].社会科学,2012(3)：58-67.
[10] 张勤,姜媛媛,汲君.公共危机治理的社会组织参与耦合机制探微[J].理论探讨,2010(2)：131-135.
[11] 朱淑琴,吴肖淮.公共危机治理,社会组织大有可为[J].人民论坛,2017(15)：68-69.
[12] 梁宇栋.社会组织如何更好地参与社会治理[J].人民论坛,2018(16)：74-75.
[13] 周学荣.社会组织参与社会治理的理论思考与提升治理能力的路径研究[J].湖北大学学报(哲学社会科学版),2018(6)：109-115.
[14] 王猛.青年社会组织参与社会治理的实践困境与改进策略[J].广西社会科学,2020(12)：70-77.
[15] 刘炳辉.高流动性与低组织化：中国社会危机治理的双重挑战[J].文化纵横,2020(2)：47-54.
[16] 焦克源.社会组织参与公共危机协同治理的困境与出路：以红十字会慈善捐赠工作为例[J].行政论坛,2020(6)：122-129.
[17] 徐顽强,张婷.公共危机治理中社会组织的角色审视与嵌入路径[J].郑州大学学报(哲学社会科学版),2021(6)：14-19.

江华①、徐家良、张煜婕②、邱玉婷③、王晟昱、何兰萍、李想④等学者。

(三) 国内外相关研究的简要评析

国外开展公共危机研究较早,也积累了比较丰富的理论研究成果和实践经验,已经形成了相对成熟的理论与实践互动体系,呈现出以下特点:第一,研究的范围已经突破了政治学和国际关系领域,逐渐扩展到包括公共管理领域在内的各个领域。第二,研究的目的由纯粹的政治目标,追求国家安全转变为主张建立全面整合的公共危机管理体系,以实现社会的稳定和经济、社会的正常发展。第三,研究的侧重点从仅仅关注危机的现场应对转而强调对危机全程管理,重视危机的全生命周期,尤其是危机前的预警和危机后的重建。第四,研究方法上从单纯定性研究到定性、定量相结合,并综合运用政治学、管理学、心理学、社会学、经济学、新闻传播学、国际关系学等多学科方法进行研究,呈现出跨学科、多元融合的趋势。第五,研究视野从局限于本国研究开始走向跨国比较研究,总结各国危机管理的实践,推动现代危机管理理论的不断发展。第六,在危机管理理念上,西方学者强调危机的多元治理、重视社会参与。认为危机管理不仅仅是政府的事情,非营利组织、企业、公众等社会力量也要有意识地参与危机管理的各个环节,危机有效治理的关键是建立一种分权、分层次、分目标的多元化危机管理体系。社会组织参与危机治理的理论研究比较成熟,并且已经运用与实践。

总体观之,西方学者尤为强调危机的多元治理、重视社会参与。非政府组织参与危机治理的理论研究比较成熟,并且已经运用于实践,形成政府与社会共同参与的比较完善的理论与实践互动体系,在研究理念和实践方法方面,对我国社会组织参与公共危机治理研究均具有重要启示和一定的参考价值。

国内学界在危机治理方面的研究起步较晚,虽然在学界的努力下,已经取得了诸多成绩,但已有研究仍有不少尚待弥补的不足,表现如下:第一,我国公共危机治理研究成果分布不平衡,总体性研究成果仍需补充。据对相关文献

---

① 曹胜亮,胡江华.新时代社会组织参与社会治理创新的理论困境和路径选择[J].武汉理工大学学报(社会科学版),2021(5):46-54.
② 徐家良,张煜婕."让社会运转起来":社会组织参与应急管理的功能作用、运行机制与构建路径[J].广西师范大学学报(哲学社会科学版),2022(1):1-8.
③ 邱玉婷.信任与韧性:社会组织在基层应急治理共同体中的嵌入逻辑[J].领导科学,2022(7):124-128.
④ 王晟昱,何兰萍,李想.社会组织参与应急管理的危机学习-协同治理机制研究[J].河海大学学报(哲学社会科学版),2023(3):80-92.

检索的数据统计，有关危机治理研究的期刊论文数千篇，进行系统研究的专著、博士论文也有近百部（篇）。但是，有关公共危机治理中社会组织参与的研究却明显偏少，而且现有研究成果多驻足于对单个问题的分析和阐述，进行全面系统研究的则更少。显见，虽然社会组织参与公共危机治理问题已经进入学者们的研究视野，并取得了一定的成绩，这些研究成果对于我们进一步深入探索弥足珍贵。然而，现有研究尚未形成完整的理论体系，总体性的研究成果仍需补充。第二，研究的广度与深度有待继续深化。社会组织参与公共危机治理的研究已涉及社会组织参与的必要性和合理性分析。当前我国公共危机治理中社会组织参与对存在的问题进行分析。然而这些研究宏观概述较多，研究的广度与深度都有待继续深化。第三，跨学科研究方法的运用有待继续拓展。公共危机治理中的社会组织参与这一研究主题具有相当的复杂性，涉及社会学、政治学、管理学、经济学、心理学、生态（人类）学等多个学科领域，现有的研究多从政治学、管理学的视角进行分析，研究的视域有待继续拓展。

由是观之，国内在社会组织参与公共危机治理研究领域，已有的成果仍需补充，许多问题仍需再加斟酌、深入探讨，特别是在学者们较少措意之处，我们还应该也可以再做些探索。

四、研究思路及方法

（一）研究思路

本研究以参与民主理论、治理理论、协同学理论、社会资本理论等为支撑，综合运用政治学、管理学、社会学、系统科学等多学科的理论和方法，对社会组织有序参与公共危机治理进行理性思考。从三个层面渐次推进：第一，理论层面：主要论证社会组织参与公共危机治理的理论合法性及客观必然性。第二，实然层面：描述当前我国公共危机治理中社会组织参与的现实状态、存在哪些问题，引发这些问题的深层次根源是什么，国外在吸纳社会组织参与公共危机治理方面有哪些可供借鉴的思路和做法，存在哪些教训和不足。第三，应然层面：这是本研究的核心和落脚点。基于对前述现象本质的理解，提出社会组织有序参与公共危机治理的理想模式，以及实现这种理想策略的现实路径。为了实现研究目标，本书研究将从提出问题、分析问题和解决问题三个层次展开（见图0-1）：

围绕研究的内容框架，本书将呈现以下几个方面内容：

（1）导论。主要阐述本课题研究的背景及意义、明确基本概念及研究范

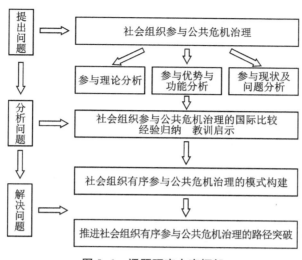

图 0-1　课题研究内容框架

围、梳理国内外研究现状及发展趋势、说明本课题研究的逻辑思路、研究方法及特色。

（2）社会组织参与公共危机治理的理论阐释。分析社会组织参与公共危机治理相关理论，为本书研究奠定坚实理论基础。主要解决两个问题：一是为何参与？二是如何参与？

（3）社会组织参与公共危机治理的现实考量。通过分析全球化背景下公共危机的新特点，新时代我国政府面临的新挑战，从管理到治理；公共危机应对的新趋势，社会组织参与公共危机治理的优势与功能，揭示我国社会组织参与公共危机治理的现实动因。

（4）社会组织参与公共危机治理的问题透视。通过梳理我国社会组织参与公共危机治理的现实状态，分析现阶段我国公共危机治理中社会组织参与存在的问题，并深入挖掘制约我国社会组织参与公共危机治理的深层次根源。

（5）社会组织参与公共危机治理的国际比较。通过对美国、英国、日本 NGO 参与公共危机治理的基本制度安排与参与实践进行比较和分析，归纳对我国社会组织参与公共危机治理有益的经验和教训。

（6）社会组织参与公共危机治理的模式建构。基于我国公共危机治理中社会组织参与的现状及问题，理性分析国外社会组织参与公共危机治理的经验和教训，从角色定位、基本原则和目标指向三个层面构建与我国公共危机治理现实生态相宜的社会组织参与的理想模式。

（7）推进社会组织参与公共危机治理的路径突破。这是本书研究的最终落足点所在，分别从政府层面、社会组织层面、社会心理文化层面及合作网络层面探析实现社会组织有序参与公共危机治理的现实路径。

（二）研究方法

本书的研究采取了多种方法综合运用的策略，在辩证唯物主义和历史唯物主义方法论指导下，以相关理论为支撑，以文献资料为基础，充分利用社会组织参与公共危机治理的典型案例，理论研究与实证分析相结合，整体研究与个案分析相结合，宏观与微观相结合，多视角、多方位地进行分析、论证和诠释，力求使研究工作落在实处并具有新意。

1. 基本研究方法

（1）辩证唯物主义和历史唯物主义的分析方法

辩证唯物主义和历史唯物主义是马克思主义最根本的世界观和方法论，它不仅通过对社会历史现象的考察，科学地揭示了人类社会发展的普遍规律，而且为我们提供了认识纷繁复杂的客观事物，把握事物客观规律，正确认识和研究社会政治现象提供了科学的方法和基本的原则。本书研究的对象是我国公共危机治理中的社会组织参与，而在危机管理和社会组织参与的理论研究和实践探索方面，国外起步较早，在积累了比较丰富的理论成果和实践经验的同时，也存在诸多需要我们警醒的问题和教训，如何辩证分析和理性参考，需要以辩证唯物主义和历史唯物主义的分析方法为指导。

（2）理论研究与实证研究相结合的方法

社会科学研究通常有两个入口：理论研究和实证研究。作为社会科学常用的两种基本分析方法，两者互为起点、互为终点，推动社会科学研究深入开展。本书将两种研究方法相结合，并贯穿于研究的全过程。对于社会组织为何参与公共危机治理主要运用理论研究方法，对于当前我国社会组织参与公共危机治理现状、存在的问题及国外危机参与的比较分析主要运用基于案例的实证分析，而在寻求社会组织危机参与的理想模式构建和路径突破方面则是两种研究方法的结合。

（3）跨学科研究方法

本书研究的是公共危机治理中的社会组织参与，这一研究主题具有相当的复杂性，涉及社会学、政治学、管理学、经济学、心理学、生态（人类）学等多个领域，不仅要考虑权利、民主等诸多理论问题，还要考虑当前中国社会发展的现实状态和政府公共危机治理等社会现实问题。因此难以用单一的研究方法和单一学科理论来展开论证，需要将其"放到传统政治学曾经关注的那样一个比较开阔的视野里加以探讨"，尽可能拓宽研究的视野和挖掘研究的深度。这就决定了本书必须借鉴和运用政治学、管理学、社会学、经济学等多学科的理论、方法和成果从整体上对其进行综合研究。

2. 具体研究方法

（1）文献研究法

在目前的制度环境下，运用文献研究法搜集相关资料对公共危机进行"过程重建"不失为一个切实可行的选择①。研究和分析国内外学者、公共管理者在公共危机治理和社会组织参与公共危机治理方面的理论与实践成果，是形成本书研究方向与研究思路的重要基础。本书通过各种中外文数据库、国内外政府官方网站和一些专门网站、超星数字图书馆、全球数目库搜索系统等搜索引擎对相关文献资料进行了充分检索和搜集，类型主要包括研究著作、学术论文、报纸、杂志、法律法规、统计数据以及外文资料等。通过对这些文献资料进行细致梳理、系统分析、归纳吸收，厘清国内外公共危机治理和社会组织参与的研究现状和发展趋势，提出社会组织参与公共危机治理之必然，在此基础上，对我国社会组织参与公共危机治理进行跨学科的综合考察与研究。

（2）案例研究法

案例研究法是管理学等应用科学的重要研究方法。本书在借助丰富的文献资料进行理论层面的论述的基础上，还通过大量典型实际案例的分析来做进一步的佐证。需要说明的是：考虑到研究内容结构的逻辑性，本书在结构安排上并没有以案例为线索，而是将案例分析融入观点的论证过程中。

（3）比较分析法

比较分析法不仅是一种重要的思维方法，也是一种具体的研究方法，它是指将事物进行同异关系的对照比较，从而揭示事物的本质。本书比较研究主要着力于三个方面：一是国内社会组织参与公共危机治理实践的纵向比

---

① 张海波.中国转型期公共危机治理：理论模型与现实路径[M].北京：社会科学文献出版社,2012：41.

较；二是国外社会组织参与公共危机治理的横向比较；三是兼及我国与国外社会组织参与公共危机治理的中外横向比较。本书搜集了大量国内外社会组织参与公共危机治理的事实材料，特别是有着重大影响的典型案例，力求呈现国内外社会组织参与公共危机治理的原始形态，通过比较分析厘清我国社会组织危机参与发展历程和存在问题，提炼对我国社会组织危机参与有益的经验和教训。

五、研究特色

公共危机治理中的社会组织参与这一研究主题具有相当的复杂性，对于笔者的理论水平、知识结构以及学术研究能力，都是莫大的挑战，但笔者还是期望借助于前人的研究成果，力图形成本书研究的特色和创新。具体而言，主要体现在以下几个方面。

（一）研究视角进一步拓宽

SARS 危机以后，特别是汶川地震以来，我国学界对于公共危机的研究热情日益高涨，也取得了不少研究成果。但总体看来相关研究仍存在严重的不平衡，从政府管理的角度研究公共危机的成果较多，而对于吸纳社会力量参与，尤其是社会组织参与危机治理的研究却显得十分不足。在公共危机面前，政府无疑是应对危机天然的、最重要的主体。然而不容否认的事实是，由于政府能力的有限、公共危机的日益复杂等因素，在危机应对中仍由政府"唱独角戏"显然已经无法快速、有效地应对危机，社会力量的参与势在必然。因此，本书从治理的视角，而非单纯的政府管理的层面，将研究的问题聚焦于公共危机治理中社会组织的有序参与，拓宽了研究视角。

（二）研究内容进一步系统化和深化

当前有关社会组织危机参与的研究主要散见于一些著作和论文之中，研究的内容也多局限于某一领域，尚缺少系统的、总体性的研究成果。研究的广度有待进一步拓展，研究的深度也有待进一步挖掘。本书在这些方面进行了一些有益的探索，提出了一些新思路和新观点，尤其是在促进社会组织有序高效参与危机治理的现实路径方面尝试提出了一些新的可操作性建议。

1. 关于社会组织参与对危机治理的影响

本书提出在充分肯定社会组织危机参与价值的同时，也要清醒地认识到市场有缺陷，政府会失败，志愿同样也会失灵。虽然在实践中志愿失灵的现象并不必然出现,但是公共管理者尤其是研究者应具有一定的前瞻性,要未雨绸缪,在心理上加强防范,从制度上加以限制和弥补,扬其长而避其短,稳步推进我国社会组织参与公共危机治理的进程。

2. 关于社会组织有效参与公共危机治理的现实路径

本书尝试提出一些新的切实有效的可操作性建议。一是关于参与时机。目前无论是理论研究还是实践参与主要集中在危机发生时的应对阶段,我们认为社会组织参与的时机不仅要前移,还要延后,即不仅在公共危机发生时要积极行动起来,还应该同样重视危机前参与和危机后参与,以实现公共危机治理中社会组织的全程参与。二是关于参与方式、范围及程度。公共危机种类繁多,起因、特点各有不同,应根据不同类型的公共危机,选择不同的参与方式、参与范围及参与的程度。三是关于参与领域。目前我国社会组织参与的领域主要集中于自然灾害危机、公共卫生危机等领域,而对于近年呈多发态势的群体性事件、恐怖袭击等公共安全危机的参与则极其有限,我们认为社会组织应逐渐拓宽参与领域,在公共安全危机等领域同样可以有所作为。四是关于协同治理。要实现公共危机治理中社会组织的有效参与,协同合作势在必然。本书认为,当前中国的政治生态环境决定了社会组织要实现有序高效的危机参与,加强与政府的合作是重中之重,同时也不应忽视与企业组织、与其他社会组织以及与国际社会组织等之间的合作。

(三)多学科综合研究

公共危机治理中社会组织参与这一研究主题具有相当的复杂性,涉及多个学科领域,本书力求突破单一的学科视角,综合运用政治学、管理学、系统科学、社会学等学科理论和方法,对社会组织有序参与公共危机治理进行全方位、多学科综合研究。

第一章
社会组织参与公共危机治理的理论阐释

公共危机的多样性与复杂性决定了社会组织参与公共危机治理研究要运用多学科的理论与方法。根据研究开展的实际需要，本章主要遴选了参与民主理论、治理理论、协同学理论和社会资本理论并进行相关分析，力求从政治学、管理学、系统科学和社会学视角论证两个问题：一是社会组织为何要参与公共危机治理？二是社会组织如何有效参与公共危机治理？从而为本研究奠定坚实的理论基础。

第一节 参与民主理论及其对本研究的启示

一、参与民主理论的内涵及其演进

民主是人类政治生活的重要价值追求。为了实现民主，从古至今人类生活中出现了丰富的民主具体形式，如直接民主、精英民主、协商民主、自由主义民主、参与民主等。从学理上说，民主有两种内涵，一是意味着某种大众化的权力。这是古典民主理论的传统，其源头在古希腊的雅典城邦。二是为了达成政治决定而作出的制度安排。这是现代意义上的民主的模式，发源于英美等早发的现代化国家[①]。

古典民主理论的传统主要体现为古代雅典的直接民主。这一直接民主建立在直接表决、全体参与的基础上。"这种公民表决式的民主得到了许多人的赞

---
① [美]卡罗尔·佩特曼.参与和民主理论[M].陈尧,译.上海：上海人民出版社,2018：2.

赏，被认为既服从理性主义又服从经验主义的原则。"① 但是，"古代雅典的民主制在人类政治社会的历史上并不是常态，城邦是一个集宗教、政治和道德于一体的尝试，而且这种尝试被证明并不长久，也是脆弱的"②。近代以后，随着政治共同体公民数量的增加和地域的扩大，古典民主形式在实践中困难重重，很难再付诸实施。19世纪初，民选代表成为人们实现民主参与的重要途径。随着政治参与的扩大，民主政治的发展不断推进，代议制民主正是在这样的社会历史条件下产生的。斯图亚特·密尔的自由主义民主思想在经验主义的基础上，"将大众参与和精英统治结合起来，设计出一种代议制政府的模式"③。

实际上，由上述的民主理论分析不难看出，"参与"是民主理论的一个核心概念，它在民主理论的分析中起着特别重要的作用。如果以"参与"为主要参考指标，民主的理论可以大致划分为两大类：一是强调公民普遍参与的民主理论。代表人物有卢梭、穆勒，以及近些年的佩特曼和巴伯等人。大体而言，他们主张最大限度地扩大普通公民参政议政的权利。二是强调公民有限参与的民主理论。代表人物有熊彼特等。他们认为现代民主制就是精英政治，普通公民对国家治理的参与是有限的。"就'人民'和'统治'两词的任何明显意义而言，民主政治并不意味也不能意味人民真正在统治。民主政治的意思只能是：人民有接受或拒绝将要来统治他们的人的机会。"④

就人类民主政治的历史发展而言，民主和参与也是密不可分的，没有参与就没有民主可言。"16、17世纪以来近代民主发展的历史，不管是从封建主义或绝对主义转变为代议制民主、从有限选举演进为竞争性的普选，还是公民政治权利在内容和范围上的扩大，无不是以政治参与的扩大为内涵。"⑤ 事实上，自近代以来，对参与民主理论的形成，卢梭起到了奠基性的作用，这在他的《社会契约论》中得到了鲜明的体现。"卢梭的政治理论集中围绕政治决策过程中每个公民的个人参与，在他的理论中，参与不仅是一套民主制度安排中的保护性附属物，它也对参与者产生一种心理效应，能够确保在政治制度运行和在

---

① [美]卡罗尔·佩特曼.参与和民主理论[M].陈尧,译.上海：上海人民出版社,2018：2.
② [美]卡罗尔·佩特曼.参与和民主理论[M].陈尧,译.上海：上海人民出版社,2018：2.
③ [美]卡罗尔·佩特曼.参与和民主理论[M].陈尧,译.上海：上海人民出版社,2018：3.
④ [美]卡罗尔·佩特曼.参与和民主理论[M].陈尧,译.上海：上海人民出版社,2018：4.
⑤ [美]卡罗尔·佩特曼.参与和民主理论[M].陈尧,译.上海：上海人民出版社,2018：5.

这种度下互动的个人的心理品质和态度之间具有连续的关联性。"① 正如卡罗尔·佩特曼所认为的,"参与"是卢梭自由概念的基础,它是卢梭意义上的好政府的成立和个人维护自身利益的有效方式。20 世纪 70 年代,随着当代主流民主理论缺陷的不断暴露,参与民主理论逐步兴起。其中最具代表性的就是 1970 年佩特曼的《参与和民主理论》一书的出版,它标志着参与民主政治理论正式登上历史舞台。佩特曼指出:"当代精英主义的民主理论实际上并不是充分的民主,而仅仅描述了现实政治制度的运作逻辑。民主理论并不完全是经验的,它也应该是规范的,有着特定的规范要求和取向。"② 在总结了历史上关于参与民主理论的思想家,如卢梭、约翰·斯图亚特·密尔以及 G. D. H. 科尔(G. D. H. Cole)等人的观点后,佩特曼进一步指出:"真正的民主应当是所有公民的直接的、充分参与公共事务的决策的民主,从政策议程的设定到政策的执行,都应该有公民的参与。只有在大众普遍参与的氛围中,才有可能实践民主所欲实现的基本价值如负责、妥协、个体的自由发展、人类的平等等。"③ 事实上,就参与民主理论的发展而言,佩特曼的参与民主理论有力回应了西方主流民主理论中的个人主义困境。"为了维持一个民主政体的存在,必须相应地存在一个参与社会,即社会中所有领域的政治体系通过参与过程得到民主化和社会化。"④ 佩特曼认为,个人主义是无法解决当代民主理论的缺陷的,因为无法建立个人与国家之间的有机联系,所以个人主义无法解决社会中的不平等问题。而扩大参与才能从根本上促进或捍卫参与者的利益,也因此才能弥补当代民主理论的缺陷。而且随着参与程度的不断提高,参与者的素质也会不断提升,进而不断促进公共利益的发展。

总之,参与民主作为当代西方社会的重要民主理论,它强调大众对政治经济社会事务直接参与权,自提出以来得到了理论界的较多认同,具有极其重要的理论与实践意义。"参与型民主能促进人类发展,强化政治效率感,弱化人们对于权力中心的疏离感,培养对集体问题的关注,并有助于形成一种积极的、具有知识并能够对政府事务有更敏锐的兴趣的公民。"⑤ 随着社会的不断进步,参与民主理论也得到了进一步发展。20 世纪后期,在参与民主理论

---

① [美]卡罗尔·佩特曼.参与和民主理论[M].陈尧,译.上海:上海人民出版社,2018:5.
② [美]卡罗尔·佩特曼.参与和民主理论[M].陈尧,译.上海:上海人民出版社,2018:8.
③ [美]卡罗尔·佩特曼.参与和民主理论[M].陈尧,译.上海:上海人民出版社,2018:8-9.
④ 侯保龙.公民参与公共危机治理研究[M].合肥:合肥工业大学出版社,2013:58.
⑤ [英]戴维·赫尔德.民主的模式[M].燕继荣,等译.北京:中央编译出版社,1998:337.

的基础上形成了"协商民主"(deliberative democracy)。"协商民主既肯定公民积极参与政治生活,又尊重国家与社会间的界限,力图通过完善民主程序、扩大参与范围、强调自由平等的对话来消除冲突、保证公共理性和普遍利益的实现,以修正代议民主模式的缺陷与不足,也是对参与民主理论的最新诠释。"①

二、参与民主理论对本研究的启示

(一)社会组织参与公共危机治理有利于政府合法性的巩固和提升

随着历史的发展,民主的政治价值已经深入人心,得到世界人民的普遍认可。也正是基于此,民主已经成为政府合法性的政治根基。就现代政治而言,民主的最大价值体现为对人的自主权的肯定。"民主对人的自主权的肯定体现在两个层次:在个体层次上肯定个人有独立处理属于自己事务的权利;在社会层次上肯定社会成员参与公共事务管理的权利,即政治参与权。"② 这也就意味着,人民的平等权得到了充分肯定,平等协商成为政治生活的重要内容,从而否认了强制的正当性。

事实上,现代民主的产生并不是社会自然发展的结果,而是人们努力追求的结果。它的产生不仅维护了人的平等权等,更有力地推进了公共危机的有效治理。就现代政治治理的经验而论,如果社会参与不足,就会导致政府信息不畅通,从而引发对政府信息的误解,这就严重影响社会政治秩序的稳定,从而增加公共危机治理的难度。而参与式民主则能够有效减少这一问题。通过参与式民主,各社会组织可以有效参与公共危机治理,这就使得社会各层面的诉求得以有效和合理表达,从而实现了政府和公民之间的有效沟通。就社会成员而言,有效参与和合理沟通能够在充分了解危机真相基础上,减少谣言传播,消除不必要的恐慌,从而有效地维护社会秩序的稳定。就现实生活而言,政府如何对待社会组织的政治参与权利,不仅仅能够决定公共危机治理的成效,更关系政府的政治合法性以及社会形象和国际形象。这正是现代民主政治的核心问题。事实证明,维护社会组织的政治参与权利,不仅可以消除民众对政府的不信任感和对立情绪,而且可以提高政府的凝聚力和号召力,进而有效提升政府形象。

---

① [美]卡罗尔·佩特曼.参与和民主理论[M].陈尧,译.上海:上海人民出版社,2018:11-12.
② 侯保龙.公民参与公共危机治理研究[M].合肥:合肥工业大学出版社,2013:79.

(二) 社会组织参与公共危机治理有利于充分发挥社会监督作用

社会组织参与公共危机治理可以最大限度地起到社会监督的作用,进而实现社会公共利益的最大化。事实上,公共危机治理根本目标就是要维护社会公共安全,实现社会公共利益的最大化。而这一目标的达成就需要社会组织参与,也只有在社会组织参与中,社会监督作用才能得以有效发挥,公民所期望的政府对社会公共利益的最大化维护也才能得以保障。强大的社会组织参与的目标就是要求掌管公共权力的机构和个人通过实际行动而达成公共利益最大化的承诺,即让当权者承担起自身应负有的政治承诺和社会责任。而社会成员也会因为社会组织参与而获得了更多的危机治理权和知情权,而不再是执行决策的被动接受者。正是因为社会组织参与公共危机治理使得社会监督网络得以有效建立,这就有效降低了危机决策和决策执行的失误,在实现对公共权力机构有效监督的基础上,确保了公共危机治理实现公共利益最大化这一价值取向。

(三) 社会组织参与公共危机治理有利于提升社会组织的公共责任意识

公共责任意识是社会组织参与公共危机治理的重要条件,也是一个社会组织成员有效参与公共危机治理应具备的基本素养。只有具备了公共责任意识,社会组织才能实现对公共利益的有效维护,这一要求在全球化时代体现得更为明显。全球化时代的最大特征就是人群互动和联系的频率不断加大,它所引发的直接后果就是社会风险增加、公共危机事件频发,给公民参与公共危机治理带来更大难度和更高要求。因此,公民的公共精神素养的养成就显得尤为重要。只有具有公共精神的公民才能够主动而有效地参与公共事务,具有积极维护自身和他人正当利益的积极态度和强有力的行动能力,从而达成对公共利益的有效维护,这也是公民本质展现的必然性要求。事实上,公共危机治理既是公共利益有效维护的过程,也是公民公共精神的养成过程,这两者的相互作用造就素养良好的公民和公民社会,最终实现公共权力向社会有效回归。而"社会组织和公民个人在参与社会治理的过程中,可以进一步增强自身的权利意识、民主意识和公共合作精神,学会适应公共生活,提升参与水平,积累参与经验。因此,公民参与既是一种政治价值,也是一种公民美德"[①]。

---

① 侯保龙.公民参与公共危机治理研究[M].合肥:合肥工业大学出版社,2013:90.

第二节 治理理论及其对本研究的启示

一、治理的内涵及基本观点

一般认为,"治理"作为专门术语正式出现于 1989 年世界银行关于非洲发展问题报告中的"治理危机"(crisis in governance)一词。20 世纪 90 年代以后,西方学界对治理做出了许多界定,其中政治学家和政治社会学家对其的界定最具代表性。然而,由于研究领域和学术背景各不相同,研究视角和研究对象亦存在明显差异,使得迄今为止学界对治理的内涵与外延仍未达成共识。

然而即便如此,从不同学者对治理概念的各种界定中我们仍然能够一窥治理的面貌。治理理论的重要创始人、英国学者罗西瑙将其阐释为:"治理是由共同的目标所支持的,这个目标未必出自合法的以及正式规定的职责,而且它也不一定需要依靠强制力使别人服从。"[1] "研究治理理论的权威、英国学者格里·斯托克梳理了各国学者关于治理的各种概念,归纳出作为一种理论的治理的五种关键要素:政府内外的制度和行为体,作用和责任的界限变得模糊,机构之间关系的权力依赖,众多自组织网络,通过使用新技术去"掌控和引导"而不是用"命令"来治理[2]。另一位英国学者罗伯特·罗茨在对学界的不同说法进行研究后,列出了六种有关治理的定义:作为最小国家的治理,作为公司管理的治理,作为新公共管理的治理,作为善治的治理,作为社会——控制系统的治理,作为自组织网络的治理[3]。荷兰学者基斯·冯·克斯波恩和弗朗斯·冯·瓦尔登则总结出了治理的九种用法:善治,"没有政府的治理",另一种意义的"没有政府的治理",市场制度与经济治理,私人部门的"善治",公共部门的"善治",网络治理,多层次治理,作为网络治理的私域治理[4]。此外,全球治理委员会(Commission on Global Governance)的定义也被认为较具代表性和权威性。全球治理委员会于 1995 年发表的《我们的全球伙伴关系》报告指出,治理既包括有权迫使人们服从的正式制度和规则,也包括各种人们同意

---

[1] 詹姆斯·N.罗西瑙.没有政府的治理[M].张胜军,等译.南昌:江西人民出版社,2001:5.
[2] 王浦劭,臧雷振编译.治理理论与实践:经典议题研究新解[M].北京:中央编译出版社,2017:3.
[3] 俞可平.治理与善治[M].北京:社会科学文献出版社,2000:87.
[4] 石路.政府公共决策与公民参与[M].北京:社会科学文献出版社,2009:36-37.

或认为符合其利益的非正式的制度安排。它有四个典型特征：治理既不是规则体系，也不是行动，而是过程；治理建立在协调基础上，而非支配；治理同时涉及公共和私人行为体；治理不是一种正式的制度，而是依赖持续互动①。中国学界对治理的研究稍晚些，就国内的治理研究而言，最早将治理理论引入国内的学者是俞可平。俞可平对治理作出了阐释，"在一个既定的范围内运用权威维持秩序、满足公众的需要，治理的目的是在各种不同的制度关系中运用权力去引导、控制和规范公民的各种活动，以最大限度地增进公共利益"②。

20世纪80年代末，由于社会经济发展面临传统政府社会资源配置方式的失效和市场调节失灵的双重困境，寻求超越于传统社会资源配置方式的所谓"第三条道路"的思潮在西方学界开始盛行。正是基于此，20世纪90年代以后，"善治"（good governance，直译为"良好的治理"）理论开始出现。所谓善治，"就是使公共利益最大化的社会管理过程。善治的本质就在于它是政府与公民对公共生活的合作管理，是政治国家与公民社会的一种新型关系，是两者的最佳状态"③。这一理论的出现是对传统治理理论的有效拓展。事实上，随着社会的不断发展，治理理论也不断得以发展，对治理理念、治理类型以及治理效能提升的再探与反思，成为理论界和实务界持续关注和研究的焦点。随着治理实践探索的加深，治理理论也愈渐完善和成熟。

基于学界和机构对治理的诸种界定和阐释，我们不难看出，作为适应现代社会新秩序而产生的一种新的社会治理方式，治理在公共利益的实现方式上，意欲以多元、参与、民主和协作等取代一元、强制和垄断，以探索出一条突破国家-社会零和博弈，实现双赢的第三条道路。具体而言，治理理论蕴含以下基本观点。

第一，治理主体多元化：打破政府是管理公共事务唯一合法权利中心的传统观念，强调多元主体对公共事务的共同参与。统治、管理等传统行政的主体主要指政府组织，而治理理论则强调政府并非唯一的管理主体和权力中心，所有的利益相关者，包括个人或组织，都应成为治理的主体。强调公共事务的多元主体共同参与，打破传统的政府是管理公共事务唯一合法力量的观念，这是治理理论的核心思想，也是治理理论最为重要的理论贡献。

---

① 王浦劬,臧雷振.治理理论与实践：经典议题研究新解[M].北京：中央编译出版社,2017：14.
② 俞可平.治理与善治[M].北京：社会科学文献出版社,2000：5.
③ 俞可平.治理与善治[M].北京：社会科学文献出版社,2000：8-9.

第二,治理边界开放化:倡导国家权力向社会的回归,模糊政府与公民社会之间的界限。治理理论的重要内容是探究了政府与公民社会之间的关系,尤其强调对这两者界限的变化的探究。治理理论认为治理的主体应该是多元的,不仅包括政府等公共机构,也应该包括非政府组织,这就使得政府与公民社会之间的界限被模糊化了。政府边界的改变意味着国家—社会二元对立的格局被打破,政府角色重新定位,政府与公民社会的关系得以重构,国家权力向社会回归。

第三,治理机制网络化:强调各参与主体通过形成合作网络实现对公共事务的共同管理。不同于传统的依托于政府政治权威的单向度管理,治理的组织基础则是多样化的自组织网络,参与其中的各治理主体形成一个自主自治的网络体系。各参与主体通过多向度的良好合作,分享信息、整合资源、化解冲突与矛盾、增进理解与信任、凝聚共识与合力,共担责任与风险,最终实现对公共事务共同管理。

第四,治理手段多样化:强调公共事务的民主管理,各参与主体通过持续的互动和协商等多种方式达成合作。相对于传统的行政、法律等正式的制度和规则,治理理论更强调合作的过程应该是成员之间持续互动的过程,盖伊·彼得斯称之为"互动"治理[1]。显然,这种博弈式的互动更多地根植于多元参与主体间的声誉、信任、互惠及相互依存,受参与者协商并同意的博弈规则所控制,而非政府的法规命令[2]。

第五,寻求政府与公民之间价值的一致,强调最大限度地增进公共性是治理的核心价值追求。有别于"统治""管理"等传统社会管理模式追求统治利益的最大化,治理寻求最大限度地增进公共性,强调程序价值(如透明、公平、参与、法治等)与绩效价值(有效性、效率等)[3]的动态平衡,从而以一个崭新的视角诠释政府与公民之间价值的一致性。

二、治理理论对本研究的启示

(一)公共危机治理需要打破政府单中心治理结构,走向多主体的合作治理

治理理论的核心在于对政府之外的主体地位的肯定,它以去中心化和多中

---

[1] 王浦劬,臧雷振编译.治理理论与实践:经典议题研究新解[M].北京:中央编译出版社,2017:98.
[2] [德]尤根·哈贝马斯.公域的结构性变化[M].北京:中央编译出版社,2002:121-122.
[3] 王浦劬,臧雷振编译.治理理论与实践:经典议题研究新解[M].北京:中央编译出版社,2017:38-40.

心等主张消解国家的迷思,以多种主体等主张否弃了"唯一最佳路径"的现代性思维,也否弃了国家与社会、政府与市场之间的非此即彼[1]。在治理中,国家(政府)和公民双方的角色发生改变,政府角色重新定位。国家那里主要体现在整合、动员、把握进程与管制等方面,公民不再是消极被动的消费者,而是积极的决策参与者、公共事务的管理者和社会政策的执行者;在公民参与中,第三部门成为主要的组织载体[2]。在当代中国,随着民主化进程的推进和国家治理体系的改革,社会组织的力量不断强大,非政府组织和公民的自主性不断增强、组织化程度不断提高、自治能力不断提升,民众和非政府组织对政府的依附性在减弱,日益成为社会公共事务管理中相对独立的主体。它们与政府一起共同构成了多中心网络式社会治理结构,社会治理变成一种包括政府管理在内的全社会的开放式治理[3]。"一个强加于人、凌驾于社会之上、能够实现发展的国家形象正在消失,取而代之的是采取一种更加客观的观念来审视公共行动、统合各种社会力量条件。因此,国家和其他行动者的合作伙伴关系具有压倒一切的重要性。"[4] 多中心治理是通过多个而非单一权力中心和组织体制治理公共事务,提供公共服务。政府不再是高高在上的、握有绝对统治权威的统治者,而是与公民共同治理的合作者。它强调参与者的互动过程和能动创立治理规则、治理形态,所有参与主体都必须遵守法律的规定,通过共建协商、多元合作完成对社会的治理。在公共危机的治理中,政府要推动多中心主体的治理,充分发挥社会组织的积极性,共同完成对危机事件的合作治理。

(二) 政府和社会组织的互动合作是公共危机治理取得成效的重要保证

美国学者托尼·麦克格鲁认为,治理就是"政府与社会力量通过面对面的合作方式而组成的网络管理系统",是"一种以公共利益为目标的社会合作过程"。在管理公共事务、解决公共问题、提供公共产品时,为了有效实现与增进公共利益的共同目标,政府主动分享权力,社会主动参与治理。政府与社会相互补充,彼此依存、共同分享公共权力,协作管理公共事务。在此过程中,政府起到了关键但不一定是支配性的作用[5]。而联合国全球治理委员会在1995

---

[1] 王诗宗.治理理论及其中国适用性[M].杭州:浙江大学出版社,2009:35.
[2] 王诗宗.治理理论及其中国适用性[M].杭州:浙江大学出版社,2009:44.
[3] 侯保龙.公民参与公共危机治理研究[M].合肥:合肥工业大学出版社,2013:55-56.
[4] 胡象明.全球化背景下中国行政管理面临的十大挑战[J].探索,2006(1):39-45.
[5] [美]托尼·麦克格鲁.走向真正的全球治理[J].马克思主义与现实,2002(1):33-42.

年发表的《我们的全球伙伴关系》研究报告中指出：治理是各种公共的或私人的个人和机构管理其公共事务的诸多方式的总和。它是使相互冲突的或不同的利益得以调和并且采取联合行动的持续过程。它既包括有权迫使人们服从的正式制度和规则，也包括各种个人和机构同意的或以为符合其利益的各种非正式的制度安排①。总之，政府和社会组织的互动合作是社会治理取得成效的重要保证，这些理论研究视角和理论观点为公共危机治理研究指明了方向。

第三节 协同学理论及其对本研究的启示

一、协同学理论之创立及主要观点

协同学（synergetics）一词源于古希腊语，意为"相互协调、共同作用"。作为科学术语，协同学概念由西德斯图加特大学著名物理学家赫尔曼·哈肯首创。1971年，赫尔曼·哈肯出版了其新作《协同学：大自然构成的奥秘》，创立了一门新兴的系统学科——协同学。为何要创立协同学？赫尔曼·哈肯在其著作中指出：在自然界，我们常常会面对各种复杂的系统，这些系统往往结构精致，各组成要素之间几乎总以一种富有意义的方式巧妙协作。这使我们认识到，不仅是生命界、精神世界，即便是无生命的物质也能自发组织，从混沌中产生新的、井然有序且富有意义的结构，而且这些结构还能随着恒定的能量供应得以维持。

协同学是系统科学的重要分支，是研究系统如何从无序到有序的理论。复杂的宏观系统通常由诸如分子、原子、光子、神经元、细胞以及动物乃至人类等大量的微观系统构成，这些构成要素具体性质极不相同。协同学就是要研究性质完全不同的子系统如何发挥内部的协同机制，并在此基础上进行结构重组，进而产生新的功能结构，从而深刻揭示系统内部从无序向有序的复杂演化过程和运作机制。哈肯教授认为，在宏观系统从无序向有序演化过程中起关键性作用的，是开放系统内部大量不同性质的子系统在一定客观条件下的共同作用、互相配合，哈肯教授将这个"自组织"过程称为协同。协同包括两层含

---

① The Commission on Global Governance. Our Global Neighbourhood[M]. Oxford: Oxford University Press, 1995: 23.

义：首先，宏观的有序结构由子系统之间的协同而产生；其次，决定系统的有序结构的是序参量之间的协同合作①。

赫尔曼·哈肯教授创立的协同学理论在错综复杂的丛林中为人类的科学研究开辟出一条新的路径，它从物理学的视角为我们展现了一幅大自然及人类社会各组成部分之间相互关系相当清晰的画卷，从而使人们能够借助于这种新的、科学的思维方式和方法更好地认识和理解系统演化的机制②。具体而言，协同学理论主要包括以下三方面内容：

第一，支配原理。协同学的支配原理，亦称伺服原理，它描述系统如何从无序走向有序，形成新的结构的内部过程和机制。这一支配原理是协同学的核心内容。在研究中，哈肯教授发现，所有的自组织现象都具有对自然规律的惊人一致性，即系统中各单个的构成要素如同被一只无形的手推动着自行组织起来，而令人诧异的是，这只无形的手又恰恰正是由于这些单个的构成要素之间通过相互协作而创建出来的，这只能够使一切事物有条不紊、自行运作起来的无形的手，哈肯教授称之为序参数③。序参数是协同学理论的核心概念之一，它是系统由量变到质变、发生飞跃最突出的标志，在系统新的有序结构形成过程中掌控全局，起着关键性作用。如上所述，序参数本由系统中单个组元的协作而产生，而当它产生后反过来又支配着系统中各单个组元的行为。而且这一现象还普遍存在于化学、生物学、社会学、经济学等学科中。据协同学的支配原理，当人们追求协同效应，即"整体大于各部分相加之和"这一目标时，有意识推进系统的自组织过程便成为其较优选择。

第二，自组织原理。对自组织行为的发生这种现象进行阐释构成了协同学的自组织原理。哈肯教授依据组织进化的形式将组织分为自组织和他组织两种类型。所谓他组织，就是系统靠外部指令而形成的组织；而所谓自组织，即系统不依靠外部指令，而是自己组织起来，按照相互默契的某种规则自动生成新的有序结构或功能，是大量子系统之间既相互竞争又相互合作，共同作用的结果，具有极强的内在性和自生性。无论在自然界还是在人类社会，自组织现象都普遍存在。大体而言自组织理论具有普遍性、开放性、自发性、内在驱动性、协同性、整体性等特征。

---

① [德]哈肯.协同学：大自然构成的奥秘[M].凌复华,译.上海：上海译文出版社,2013：157.
② [德]哈肯.协同学：大自然构成的奥秘[M].凌复华,译.上海：上海译文出版社,2013：131.
③ [德]哈肯.协同学：大自然构成的奥秘[M].凌复华,译.上海：上海译文出版社,2013：7.

第三，协同效应。协同学认为，协同效应是普遍存在于各个复杂而开放的系统中的，其发生有一个从低到高的过程。在协同效应处于最低点时，系统中的各组成要素显现出自发的无规则的独立运动状态，此时各要素之间的关联效应较弱，而随着协同效应的不断增强，各要素之间的关联效应也不断增强，原本复杂无序的系统也逐渐显现出有序状态。系统的各要素由独立转向有序关联。"因此在系统中便出现了由关联所决定的各构成要素之间的协同运动，使系统形成协同效应，促使系统从混沌中形成某种稳定的结构，从无序走向有序，或是从一种有序转变为另一种新的有序。"① 协同效应有力地解释了复杂系统存在的自组织现象，协同作为复杂系统自组织的形式和手段，它是系统实现自我完善与自我发展的根本途径。但需要强调的是，系统在存在协同作用的同时也是存在竞争的，协同促成了系统结构的形成，竞争则促进了系统的变化和发展，这两者共同作用推动了事物的发展，这是事物发展过程中的普遍规律。

二、协同学理论对本研究的启示

协同学这一科学概念的形成和发展是大科学时代以来系统科学发展的重要成果。作为系统科学的重要理论分支，协同学应用范围非常广。由于抓住了不同系统中存在的共性，协同学不仅适用于自然科学研究领域，还可以广泛应用于其他领域，成为连接不同学科的桥梁和纽带，为人们研究和分析各种不同开放系统的自组织现象提供了有效的工具，具有明显的方法论意义。对于本书而言，协同学理论提供了一种全新的思维模式与理论视角，对于探索与我国当前社会发展的现实生态相宜的、公共危机治理的有效模式无疑具有重要的指导与启迪意义。

（一）协同学理论与公共危机治理高度契合

根据哈肯教授的理论，无论是宏观系统还是微观系统，只要系统始终与外界保持着不间断且充分的物质、能量和信息的交换，即存在着开放系统，那么它就可以在一定条件下呈现出有序的结构。因此，运用协同学开展研究，其研究对象必须具有开放的系统、内部存在着非线性作用和远离平衡态的特点。

而公共危机治理系统无疑具备以上特点：首先，公共危机治理系统是一种

---

① 郭治安,等.协同学入门[M].成都：四川人民出版社,1988：23.

开放系统。如同哈肯教授所研究的那些对象一样,公共危机治理系统也始终与外界保持着不间断的物质、能量以及信息等交换,具有开放性。其次,公共危机治理系统是一种复杂系统。公共危机治理系统内部包含着众多不同性质的子系统,这些性质各异的子系统具有随机性、不确定性和非线性;子系统之间既相互关联,又相互影响;此外,由于具有思维能力的人的介入,尤其是专家的经验和智慧,进一步加剧了公共危机治理系统的复杂性。最后,当前我国公共危机治理系统仍然是一种远离平衡态的非稳定系统。面对日益频发、愈加复杂的公共危机事件,以往公共危机政府单极治理模式显然已捉襟见肘,难以实现对公共危机的有序、高效治理,公共危机治理结构的改造和治理机制的优化已成必然。由此可见,产生于自然科学研究领域的协同学与我国公共危机治理具有高度的契合性,将协同学理论引入公共危机治理研究不仅可行而且必要。

(二) 协同学理论从系统科学视角为公共危机多元治理提供重要的理论依据

如前文所述,协同学理论强调,多元微观子系统的能动性对整个宏观系统有序性的形成具有决定性作用[①],宏观系统的有序结构由各微观子系统的共同作用而产生。协同学研究的对象是复杂的宏观系统如何从无序走向有序。哈肯教授认为,复杂的宏观系统通常由诸如分子、原子、光子、神经元、细胞以及动物乃至人类等大量的微观系统构成,这些构成要素具体性质极不相同。而在宏观系统从无序向有序演化过程中起关键性作用的,正是开放系统内部这些大量不同性质的子系统在一定客观条件下共同作用、互相配合的"自组织"过程。

公共危机治理系统也是一种由无数异质微观子系统相互联系而成的复杂的、开放的、非稳定系统,涉及政府、企业、社会组织、媒体、普通社会公众等诸多利益相关者。因此,将协同学理论应用于公共危机治理领域时,系统的无序性就体现为公共危机治理体系中诸多复杂性因素的杂乱存在样态,而有序则表现为公共危机治理中多种元素相互作用而最终显现出的有序治理成效。显然,在现实的复杂治理过程中,面对传统的强调以政府为单一中心的公共危机治理体系已经不能有效应对复杂情境,只有政府、普通社会公众、社会组织、企业、媒体等多元主体协同作用,在相互配合中共同发挥整合优势,才能推动

---

① 何学勤,陆宁. 协同视角下的公共危机治理主体职能研究[J]. 科教导刊,2010(2)(中):87-89.

系统由无序状态转变为有序状态，从而有效地预防和应对危机，实现公共危机的有效治理。也正是基于此，社会组织参与公共危机治理势成必然。

（三）协同学理论强调治理主体间协同合作，为社会组织有效参与公共危机治理提供技术路径

协同学理论认为宏观系统从无序、不稳定状态演变为有序、稳定状态，需要系统中性质各异的微观子系统之间相互配合，加强彼此间联系和沟通，实现协同行动。这种协同合作不仅能够充分发挥每个微观子系统的最大功能，而且能够产生协同效应，即整体大于各部分相加之和。在公共危机治理系统中，面对极其纷繁复杂的公共危机治理情境，任何单个的子系统都难以单独做出有效的回应。如何才能使公共危机治理从无序、不稳定的状态演变为有序、稳定的状态？借鉴协同学理论，公共危机有效治理的实现，需要政府、企业、社会组织、大众传媒、普通社会公众等诸多公共危机治理子系统之间能够加强多向互动、有机融合，协同合作，形成一个信息共享、交流畅通、优势互补、责任共担的公共危机治理网络，从而达到"1+1＞2"的最大效益。而对于社会组织而言同样如此，仅凭其自身的力量显然难以实现其参与公共危机治理的有序与高效。因此，在参与公共危机治理中，社会组织除了需要着力提升自身参与能力和参与水平之外，唯有加强与公共危机治理系统中其他子系统，尤其是与政府及其他社会组织之间的交流、沟通、协调与合作，方能实现力量的整合与增值，并使其能够有序、高效地参与公共危机治理。

第四节 社会资本理论及其对本研究的启示

一、社会资本理论的提出及主要观点

社会资本（social capital）作为热点性学术概念兴起于20世纪八九十年代。这个概念最早由法国社会学家布尔迪厄在《社会资本随笔》一文中提出，此后逐渐被运用于经济、政治、法学等社会领域，成为社会各领域研究问题的综合性概念和方法。随着研究的不断推进，社会资本的概念得到了进一步的阐释。20世纪80年代末，美国社会学家科尔曼从社会学视角全面界定和分析了社会资本的概念。20世纪90年代，哈佛大学社会学教授罗伯特·D. 帕特南

在其发表的《让民主运转起来》《独自打保龄球：美国下降的社会资本》《繁荣的社群——社会资本和公共生活》等一系列论文中使用这一概念，社会资本引起广泛关注并成为国际学术热点。总体看来，布尔迪厄、科尔曼以及帕特南等著名学者对社会资本理论框架建构的原创性贡献，为我们今天理解和研究社会资本提供了重要依据。

（一）皮埃尔·布尔迪厄的社会资本理论

皮埃尔·布尔迪厄对社会资本的界定是以强调社会资源的网络化为基本特征的。所谓社会资本是"实际的或潜在的资源的集合体，那些资源是同对某种持久的网络的占有密不可分的"[①]。皮埃尔·布尔迪厄所说的网络是一种以体制化形式而出现的关系网络。这一关系网络通常是以大家熟悉的某团体的形式存在的。集体成员与集体相互联系，并相互支撑。尤其是集体以其拥有资本为其每个会员提供强而有力的支持，即布尔迪厄意义上的为个体赢得声望的"凭证"。

布尔迪厄对社会资本理解的最独特之处就是强调社会资本网络化的体制性特征。他强调个体和群体关于社会资本形成与利用的互动状态，个体通过参与群体活动不断增加对社会资本的投资、创造、利用和再生产。而群体则通过自身已经建立的社会资本为个体赢得声望提供有力的"凭证"。

（二）科尔曼的社会资本理论

科尔曼对社会资本理论的最大贡献体现为对社会资本的形式、特征，以及创造、保持和消亡过程的全面论述。科尔曼在《社会理论的基础》一书中指出："社会资本的定义由其功能而来，它不是某种单独的实体，而是具有各种形式的不同实体。其共同特征有两个：它们由构成社会结构的各种要素组成；而且为在社会结构中个体的某些行动提供便利。"[②] 科尔曼认为，社会资本是以人际关系的结构为基本依托的，而不是依附于独立的个人的，是人们实现既定目标的根本依据。在科尔曼看来，社会资本的表现形式是多种多样的，具体表现如下，一是根据人们在社会交往过程中形成的义务与期望而形成的社会资本。二是利用社会关系网络所获得的独特行动信息而形成的社会资本。三是以集体命令和惩罚方式而呈现出的社会资本。四是以权威关系的形式而呈现出来的社会资本。五是功能组织意义上的衍生性社会资本等。科尔曼对社会资本的

[①] 布尔迪厄.文化资本与社会炼金术：布尔迪厄访谈录[M].包亚明,译.上海：上海人民出版社,1997：202.

[②] 科尔曼.社会理论的基础（上）[M].邓方,译.北京：社会科学文献出版社,1999：354.

概念、特征、表现形式以及形成过程要素的系统研究和理论分析，具有很强的说服力和独创性，为后来的研究者提供了重要借鉴，有力地推动了社会资本理论的研究。

（三）罗伯特·帕特南的社会资本理论

继布尔迪厄和科尔曼之后，哈佛大学的帕特南教授进一步推进了社会资本概念的广泛传播和理论研究。具体而言，帕特南从政治学角度进一步拓展和深化了社会资本理论，他的重要贡献是将社会资本引入了民主治理之中，即"将社会资本视为公民社会的基石，把社会资本概念带入了主流社会科学话语体系"①，这就为民主政治研究提供了独特的视角。

帕特南关于社会资本的突出贡献是在对现代意大利的公民传统研究中体现出来的。这集中体现在《使民主运转起来：现代意大利的公民传统》一书中。通过调查研究帕特南发现，社会资本深刻影响了意大利政治制度的运作，这在意大利南北地区民主政治发展的差异性中得到了深刻体现。通过分析帕特南发现，意大利南北方的民主政治之所以有巨大差异，最主要是因为社会资本运用情况的不同。社会资本运用良好的地区，政府制度绩效就较好，反之则不然。因此，帕特南指出："普通公民在公民社会中的群众性基层活动影响民主制度的绩效，必须鼓励公民参与网络和民间组织的形成和发展，促进社会资本的投资和积累。加强社会资本并非易事，但这是使民主运转起来的关键。"② 就帕特南的理论阐释而言，他对社会资本的理解核心内容如下，即社会资本以人际关系网络为基础，以人与人之间的信任、理解、同情、合作和互惠等为基本特征，在根本上属于一种社会结构，可以有效推动社会行动。就社会资本理论发展而言，帕特南实现了社会资本研究由经济领域向社会领域和文化领域的转向，超越"资本"单纯的功利维度，从微观转到宏观，把凝聚和谐的状态看成社会发展的良善境界。

二、社会资本理论对本研究的启示

（一）社会资本与公共危机治理具有天然契合性和内在关联性

公共危机的多样性与复杂性决定了公共危机治理必然需要突破政府单打独斗的格局，走向多元主体协同治理的模式。因此公共危机治理在本质上是政

---

① 黄晓东.社会资本与政府治理[M].北京：社会科学文献出版社，2011：76.
② 黄晓东.社会资本与政府治理[M].北京：社会科学文献出版社，2011：77.

府、市场、社会组织、公众等诸多参与主体之间互动合作的过程。然而更重要的问题在于：如何才能使公共危机治理中的政府、社会组织、市场和公众等参与主体之间形成相互信任、彼此理解、利益共享、责任共担的良性互动和有效合作，以实现公共危机的有效治理？一般而言，政府通过正式的制度约束促进合作，市场通过竞争激励促进合作，个体通过无限重复博弈促进合作，而社会资本理论将研究重心聚焦于：如何通过信任、互惠规范及参与网络来促进人类社会的"自愿合作"并实现"合作秩序的扩展"？社会资本作为正式制度约束的重要补充为我们探索如何实现公共危机的协同治理提供了一种崭新的理论视野和研究进路。

（二）社会资本的充分发育有利于公共危机协同治理的顺利实现

公共危机治理不能只是政府的"单人舞"，需要全社会的共同参与和协同治理。因此，在现代国家治理中，和谐、可持续的政府和社会的关系是实现公共危机协同治理的重要前提。如何才能建构和发展这种良好的政社关系，实现公共危机的协同治理？社会资本理论启示我们：实现公共危机的协同治理需要社会资本的总动员，社会资本的存在状况直接影响公共危机协同治理的成效。具体而言，应该更加关注那些能够使参与各方倾向于信任、理解、团结与合作的文化价值和态度，建构并发展以信任、互惠规范、关系网络等为核心的社会资本，以突破集体行动的困境，有效提升集体行动的水平。而在公共危机治理中，如果能够在相互信任和互惠规范的基础上，构建包括政府、社会力量等多元参与主体，跨领域、跨部门、跨区域的公共危机协同治理网络，对于实现公共危机协同治理显然具有重要意义。因为这种良好的社会资本能够有效沟通和协调各方关系，形成一股应对危机的强大凝聚力，不仅可以弥补政府自上而下调控的不足，弥补市场这只"看不见的手"的调节失灵，也有助于克服社会组织志愿失效的局限。而且，社会资本不同于其他资本形态，它是可再生的，它能够在正常的轨道上通过自我发展和自我强化形成一种良性循环的态势。因此在公共危机治理中，良好的社会资本不仅可以促进各参与主体之间和谐关系的形成，而且能够使这种关系获得可持续发展。由此可见，良好、充分发育的社会资本是公共危机协同治理能否顺利实现的重要保障。

（三）信任资本是我国公共危机治理中社会资本培育的重中之重

社会资本与公共危机治理在逻辑上具有天然的内在关联。社会资本是公共危机治理的重要资源，社会资本发育状况很大程度上决定了公共危机协同治理能否顺利实现。作为一种无形资本，宏观层面的社会资本主要包括信任、规范和参与网络等基本要素。在三者关系中，信任是前提，规范是信任的结果。如果没有信任，规范不可能形成，而没有信任和规范，参与网络更无从产生。

而在我国公共危机治理实践中，由于诸多因素制约，社会资本总体呈现出发育不良、分布不均的状况，尤其是信任资本发育不良，严重制约了公共危机治理绩效的提升。信任作为一种社会关系，在我国公共危机治理中主要体现为：政府与社会组织的信任关系、公众与政府的信任关系、公众与社会组织的信任关系、社会组织之间的信任关系以及公众间的普遍信任，而在实践中这几个层面的信任均存在不同程度的缺失与不足。因此在我国公共危机治理实践中，必须强化社会资本的培育和发展，而信任资本则是重中之重。因为信任是基础和前提，只有信任才可能形成互惠规范，也才能使公共危机协同治理的参与网络得以形成。

第二章
社会组织参与公共危机治理的现实考量

全球化在为人类社会带来重大发展机遇的同时,也给人类社会的发展注入了更多的不确定性和风险。现代社会公共危机的日益复杂化和常态化,使得人类对危机的可控性大大降低,政府公共治理面临着前所未有的困难和挑战。突破传统政府"管理"的思维和模式,实现公共危机从"管理"到"治理"的转型,充分发挥社会组织在公共危机治理中的功能与优势,成为有效应对公共危机的新趋势。面对全球发展的百年大变局,理性分析审视这些现实问题,既关系我们能否实现公共危机治理的有序高效,也是全面推进国家治理体系和治理能力现代化进程的必然要求。

第一节 全球化背景下公共危机的新特点

20世纪80年代以来,全球化成为世界范围内不可逆转的时代潮流。由于全球主义伴随着普遍的不确定性[①],公共危机的形态发生了重要变化。

首先,公共危机爆发的源头和可能性大增。全球化的核心特征是人员、物资、资本以及信息等要素不断加速的跨国流动,各个国家、社会、人群之间的相互联系与依赖性也显著增强,使得原先只局限于一国、一个地区的风险具有了跨国、跨地区扩散的显著特征。不仅如此,风险在扩散的过程中,彼此之间还有可能产生互动,从而形成新的风险源,使公共危机爆发的可能性和源头大增。

---

① [美]罗伯特·基欧汉,约瑟夫·奈.权力、相互依赖与全球主义[J].战略管理,2002(4):63-76.

其次，公共危机影响的范围日益扩大，破坏性增强。全球化不仅加深了各地区、各国之间的相互依存与合作，同时也扩大了彼此间的风险共担机制。特别是随着信息技术革命以及现代互联网的飞速发展，世界范围内人员的交互往来愈加紧密和频繁，加速了公共危机跨地理边界的扩散与蔓延，使得公共危机影响的范围与规模不断扩大，破坏性不断增强，一国危机可以迅速转化为跨国危机，局部危机也可以迅速扩展为全球性危机。例如国人至今记忆犹新的SARS疫情，波及我国 26 个省、自治区、市以及境外 30 多个国家和地区；2007 年美国次贷危机引发了全球性的金融危机；1986 年出现于英国的疯牛病至今仍是全人类的恐怖梦魇；肆虐全球的新冠肺炎疫情更是让全世界遭受重创，陷入巨大的危机之中。

最后，复合型衍生危机增多。如吉登斯所言，全球化绝不仅仅是经济的全球化，"它同时也是社会、政治的和文化的"①。随着全球化的持续发展，政治、经济、文化等诸多领域的联系与交织日益紧密，公共危机的不确定性愈发增强。某个单一领域引发的危机，往往会迅速蔓延到其他领域，复合型衍生危机大大增加。2011 年的东日本大地震是近年来世界范围内空前的复合型危机，由地震灾害开始，继而引发了海啸、核泄漏等一系列超乎想象的衍生重大灾难。危机带来的一系列影响至今仍在持续，而且似乎看不到尽头。时至今日，日本仍需以举国之力去应对包括福岛核电站核泄漏引发的核污染在内的一系列灾后次生危机。日本学者竹中平藏和船桥洋一甚至认为，东日本大地震已不单是单纯的灾害性危机，它引发了日本的价值（value of Japan）本身的危机②。这些由自然灾害及其相关次生、衍生灾害事件组成的复合型衍生危机，持续时间更长、影响范围更广、危害程度也更深。

全球化为人类社会带来前所未有发展机遇的同时，也给人类社会的发展注入了更多的不确定性和风险。在全球化背景下，公共危机爆发的源头和可能性大大增加，公共危机愈来愈成为现代社会的常态，公共危机影响的范围不断扩大，破坏性不断增强，再加上复合型衍生危机大量出现，人类对危机的可控性大大降低，极大地增加了政府公共危机治理的难度。

---

① ［英］吉登斯.第三条道路及其批评［M］.孙相东，译.北京：中央党校出版社，2002：70.
② ［日］竹中平藏、船桥洋一.日本"3·11"大地震的启示：复合型灾害与危机管理［M］.林光江，等译.北京：新华出版社，2013：3.

第二节 新时期我国政府面临的新挑战

公共危机的发生不仅有人类社会共同的原因，还与各个国家具体、特殊的国情密切相关。如果说全球化带来的公共危机新特点是当今世界各国面临的共同问题，那么当前以市场化、工业化、城市化和现代化为鲜明指向的中国社会的加速转型，以及随之而来的社会结构转型、社会利益格局的调整，则给我国新时期公共危机治理带来了新的挑战。人们通常理解的社会转型实际上是指近代以来起源于欧洲并在全球范围内逐步扩展的现代化过程中的社会变迁[1]。亨廷顿认为，"现代性产生稳定，而现代化却会引起不稳定"[2]。广泛而深刻的社会变革必然伴随着接踵而至的社会矛盾与社会动荡。尤其是作为后发外生型国家，积累先天不足，依靠国家强力启动的转型模式，却要在很短的时间里走完西方发达国家数百年才完成的历程，这必然使得转型期各种社会矛盾更加突出，公共危机复杂化、多样化、常态化成为新趋势。

一、公共危机发生数量持续攀升、频次更高，呈现常态化趋势

现时期中国社会的转型是一个相当复杂的过程，各种矛盾错综复杂，诸多问题相互交织，充满了无穷变数和不确定性，使得公共危机发生的概率陡增，数量持续攀升，频次也越来越高。2008年是中国重大公共危机事件发生较多的一年，以年初的南方雪灾为开端，各类自然灾害、事故灾难、公共卫生事件以及社会安全事件频繁发生，影响较大的就达几十起之多，公众对危机事件关注的焦点不断被刷新。这两年，与疫情叠加的还有自然灾害、大爆炸以及各种外交事件等公共危机事件发生。可见，转型期的中国，公共危机不再是非常态的偶发事件，而是日益成为政府行政环境的常态。

二、公共危机信息传播速度加快，危机影响日趋国际化

不同于传统的传播媒介，现代信息技术的飞速发展，互联网技术与"第四媒体"的出现与广泛普及，为人类社会构建了一个几乎跨越时空限制的虚拟空

---

[1] 王菊芬,蒋莱.社会组织与公共安全[M].上海:上海三联书店,2012:22.
[2] 亨廷顿.变革社会中的政治秩序[M].李盛平,等译.北京:华夏出版社,1998:41.

间。互联网络超高的即时性为危机信息的迅速传播提供了无限可能与快速便捷的渠道，对公共危机事件的辐射与追踪表现出强大的社会影响力，公共危机信息传播的速度大大加快，危机的国际化影响大大增强。一个地区发生的危机事件瞬时可以传遍全国，同样一个国家发生的危机瞬间可以传遍世界。如2018年的吉林长春长生生物疫苗案件，一经爆出，短时间内迅速成为全国公众关注与讨论的焦点，似乎在一夜之间，"朋友圈就被满屏的问号、感叹号以及一个又一个10万+所占领"。2011年的东日本大地震，同样在我国引发了一场大规模抢购碘盐的风波，出于对地震导致的核泄漏以及海盐可能遭受核污染的担忧，公众盲目抢购碘盐，致使全国多地超市的食盐迅速被抢购一空。始于2019年年底的新冠疫情更是以其传染速度快、影响范围广、对社会危害程度深让全世界深受其害。

三、公共危机种类和所涉领域日益多元，"复合连锁性危机"呈上升态势

对于中国这样一个发展中大国，随着体制的转轨和社会的转型，公共危机的种类和所涉及的领域日益多元化。不仅有诸如汶川特大地震灾害、舟曲泥石流、南方雪灾，以及沙尘暴、雾霾、台风、暴雨、干旱等自然灾害危机，也有诸如天津爆炸案以及辐射、火灾、污染、矿难等事故灾难危机，还有类似于SARS、禽流感、长生问题疫苗案等突发公共卫生危机。此外，重大治安事件、群体性事件、恐怖袭击等公共安全危机也日益增多。而从危机所涉及的领域来看，伴随着社会的转型，除了自然灾害危机，政治、经济、社会等各领域均出现了程度不同的危机事件。尤其值得注意的是，公共危机已经不再是某个单一领域的危机，"复合型衍生危机"或"复合连锁性危机"在我国也呈现出上升的态势。2008年我国南方雪灾、2012年北京特大暴雨灾害以及2021年河南郑州特大暴雨都是典型的复合型衍生危机。2008年的南方雪灾在极短的时间内从自然灾害蔓延至交通运输系统（公路、铁路、民航），再到能源、资源供应系统（电、煤、油、通信），进而对正常的生产和生活秩序构成极大威胁。尽管几个月后的汶川地震在惨烈程度上远超南方雪灾，但雪灾的覆盖范围之广、受灾人口之众、持续时间之长、对国民经济影响之深远、并发事件之复杂、所暴露问题之深刻，相对于前者却有过之而无不及[①]。公共危机的四大类型，即

---

① 王敬波.公共危机管理案例[M].北京：研究出版社，2009：145-146.

自然灾害、事故灾难、公共卫生事件、社会安全事件在此次南方雪灾中全部出现，并高度交织纠缠。可以预见，今后我国类似于2008年南方雪灾、2012年北京特大暴雨灾害、2019年新冠肺炎疫情以及2021年河南郑州特大暴雨等这样持续性时间长、影响范围广、并发事件复杂、危害程度深，跨领域的"复合型衍生危机"或"复合连锁性危机"将不可避免，政府公共危机治理的难度亦将愈来愈大。

四、群体性事件数量增加、规模增大、社会危害程度加深

从宏观层面而言，当今中国正在进行的社会转型本质上是一个现代化的过程。现今中国的社会转型必然伴随着广泛而深刻的体制变革和社会结构变动，由此引发价值观念、经济成分、社会利益格局、生活方式、社会组织形式等日益多元化，使得转型期中国的各种社会矛盾和冲突更加凸显，社会更加动荡不安，引发了许多制度外参与的群体性事件。在某些地区，群体性事件甚至成为影响当地社会稳定的首要问题。相关资料显示，在1996年至2011年间，我国环境领域的群体性事件始终保持着年均增速29%的高发态势。从2005年到2012年间，环保部直接接报处置了900多起环境事件，重特大环境事件达到72起，其中仅仅2011年的重大环境事件与2010年同期相比，就增加了120%[①]。除了环境事件一直居高不下，近年来由征地拆迁、劳资纠纷、业主维权等引发的群体性事件也日益频发。2016年，云南镇雄县以勒镇部分村民就是因为不满土地征收和房屋拆迁安置补偿而阻挠房屋量测工作，从而引发群体性事件，结果导致10余名工作人员受伤，7辆公务车被砸坏的悲剧[②]。同年，山西太原上千商户因利益受损上街游行，要求政府有关部门解决多家物流公司跑路产生的债务问题。自2016年以来，深圳、南昌、济南、成都、武汉、广州等地还先后发生了出租车司机抗议专车的罢运事件[③]。群体性事件愈来愈呈现出数量不断攀升、规模不断扩大、涉及面越来越广、行为方式越来越激烈、组织化程度越来越高的显著特征，一些地区甚至出现人身攻击、冲击政府部门、行贿、越级上访、写大小字报等，严重影响了社会和谐，甚至潜伏着对政治稳定的冲击。

---

① 王飞.近年来我国环境群体性事件高发年均递增29%[N/OL].新京报，2012-10-27. http://news.youth.cn/gn/201210/t20121027_2554404.htm.
② 于建嵘.当前群体性事件的态势和特征[EB/OL]. https://cul.qq.com/a/20160223/023980.htm.
③ 于建嵘.当前群体性事件的态势和特征[EB/OL]. https://cul.qq.com/a/20160223/023980.htm.

总体观之，当前我国城乡发生的各种群体性事件，多数都是某一特定社会群体，尤其是社会弱势群体对自身权利和权益的诉求和维护，如农地流转、拆迁补偿、环境污染以及劳动争议引发的群体性事件等。这些群体性事件起因有一定的合理性，属于人民内部矛盾，大多采取较为平和的非暴力方式解决。但是由于群体性事件往往具有一定规模，参与人数相对较多，常常是成百上千甚至上万人，且有各种不同社会身份和不同职业的人参与其中，人员复杂，有不少群体性事件还呈现出明显的组织性，加上各种矛盾相互交织，应对难度极大。一旦政府部门和公共管理者应对失当，就容易被国内、国际别有用心的势力所利用，或有其他复杂因素介入使矛盾升级，由平和表达转为激烈对抗，由非暴力群体性事件转化为暴力群体性事件，从而对社会造成严重的危害。如何有效应对群体性事件，是新时期我国政府和公共管理者面临的极大考验。

第三节　从管理到治理：公共危机应对的新趋势

现代社会瞬息万变，各种频发的危机事件层出不穷，时刻考验着人类社会应对危机的能力和水平，传统的政府管理思维和模式的内在缺陷日益明显，单纯行政中心主义的管理模式已经无法有效解决公共危机。

一、公共危机对传统政府管理的挑战

传统政府组织以科层制为组织结构并以规则、效率而著称，细化的专业分工带来了效率，也带来部门的孤立和共同话语的丧失，层级明确的等级制确保了权力的集中，却造成了信息的闭塞和沟通的不畅。传统组织架构难以有效预防和应对网络化、多元化的危机①。就我国政府组织而言，其传统组织架构同样是科层制的结构，"由于法理权威的缺失，加上传统文化底蕴和历史沉淀的影响，非但没有获得韦伯的科层制所希冀的高效率，却继承了几乎官僚制的所有弊端"②。

我国传统的政府管理模式虽然有利于集中资源和集体行动，但现代风险社会的种种不确定性，使得传统政府管理模式面临危机，简政放权、缩减政

---

① 刘霞，向良云.公共危机治理[M].上海：上海交通大学出版社，2010：5.
② 刘霞，向良云.公共危机治理[M].上海：上海交通大学出版社，2010：6.

府开支、改革政府体制的呼声越来越高。传统的政府组织中,管理者习惯于墨守成规、按部就班,危机意识不强,难以形成组织整体的预警能力。当公共危机爆发时,更多是被动式反应,难以快速决策和采取措施,组织惰性、层级管理加上人为因素,直接导致组织在危机问题上的敏感度迟钝甚至缺失,这成为政府危机管理与决策的致命性缺陷。"政府在履行越来越庞杂的公共需求和服务职能时已是捉襟见肘,更无暇顾及或有效应对越来越频繁、越来越复杂的公共危机,现代政府在有限资源和无限需求的冲突中面临危机的考验。"[①] 在公共危机事件频发的今天,政府必须在动态发展过程中,不断调整完善既有管理体制和管理模式,以便对社会系统中各种潜在的不确定性因素做出积极回应。

事实上,公共危机所损害的是所有社会组织和成员的共同利益,每一个有为政府都应该在这一过程中理性担当,积极作为。因此,公共危机事件的应对是对现代政府综合能力的全面考验。政府作为公共服务的提供者和公共权力的行使者,无法单枪匹马地应对公共危机,尤其是那些危害公共安全、生存空间、生命健康、破坏社会秩序的危机事件,政府必须有效组织动员社会各种力量,协调各方关系,调动各类社会主体的主观能动性,才能及时有效地化解处理各类公共危机,切实保护社会成员的正当权益,最大限度地保障公共利益。

二、公共危机治理的引入

"治理"是当前社会科学研究中的一个核心概念,党的十八届三中全会所通过的《中共中央关于全面深化改革若干重大问题的决定》(简称《决定》)提出要"推进国家治理体系和治理能力现代化",这是对党的十六大以来治国理政理念的深化发展和完善。《决定》明确指出:"激发社会组织活力。正确处理政府和社会关系,加快实施政社分开,推进社会组织明确权责、依法自治、发挥作用。适合由社会组织提供的公共服务和解决的事项,交由社会组织承担。"[②]

传统的"管理"存在着主体与客体的界分,即管理者与被管理者。"传统的统治和管理模式下,政府是唯一的政策主体,不管是最初的封闭性的威权统

---

① 刘霞,向良云.公共危机治理[M].上海:上海交通大学出版社,2010:6.
② 中共中央文献研究室.十八大以来重要文献选编(上)[M].北京:中央文献版社,2014:539-540.

治，还是后来渐变成的半封闭的管理或管制，都是由政府行为组成，其权威一直都是唯一的，只能是政府单独一方。"[1] "治理"强调社会多元主体的共同管理，在这种模式下，尽管政府依然是社会公共管理功能和责任的承担者，但是它不再以唯一管理者的身份出现，哪怕是权威主体也不一定非得是政府机关。"公共危机治理，就是由政府和非政府的组织，包括民间组织、政社间或政企间的中介组织、志愿者团体、企业组织以及公民个人，依据法律支撑体系和特定制度安排，采用合作网络的组织体系，针对风险、威胁、危机和灾害，共同配合、协作实施的减缓、准备、响应和恢复过程中风险管理、威胁管理、危机管理和灾害管理的全过程。"[2] 相比于传统的管理，公共危机治理是在多元行为主体之间形成密切、平等的网络关系，把有效的管理看作是主体之间的合作过程，各种社会组织、私人部门和公民团体开始承担越来越多的责任。它在运用权力之外，形成了市场、法律、文化、习俗等多种管理方法和技术，各治理参与主体有责任使用这些新的方法和技术更好地对公共事务进行控制和引导，发挥市场力量在社会治理创新中的重要作用。它更多地强调发挥多主体的作用，更多地鼓励参与者自主表达、协商对话，并达成共识，从而形成符合整体利益的公共政策，是当代民主的一种新的实现形式。

在世界发展的百年未有变局中，公共危机的预防、处置和恢复无疑是政府必须面对的一个重大政治任务，但是由于公共危机事件的发生具有诸多不确定性，政府在短期内所能提供的公共资源有限，仅仅依靠政府力量很难快速有效地应对危机，实现社会的稳定。公共危机治理从理念到具体实施，都更能满足现代社会发展的需要，更为有效地解决现实难题。因此，由传统的"管理"跨越到实践所必需的"治理"，并塑造全新的公共危机治理体系，不仅是理论上的共识，更是现实危机应对实践的必然要求。"保障社会组织参与政府管理和政策过程的平等权利，有利于国家应对复杂多变的治理局面和政策后果，有利于维护国家政权稳定的政治安全和社会的安全与稳定。"[3]

---

[1] 吴理财.政府间的分权与治理[J].马克思主义与现实，2003(3)：70-75.
[2] 刘霞，向良云.公共危机治理[M].上海：上海交通大学出版社，2010：14.
[3] 侯保龙.公民参与公共危机治理研究[M].合肥：合肥工业大学出版社，2013：78.

第四节　社会组织参与公共危机治理的优势与功能

塞缪尔·亨廷顿认为,"各国之间最重要的政治分野,不在于它们政府的形式,而在于它们政府的有效程度"①。当巨大的危机来临时,公众对于危机应对有效性的诉求变得尤为强烈。公众关注的焦点不仅在于政府应对危机的方式和过程是否民主,更倾向于政府危机应对的结果能否真正取得实效。因为政府危机应对的有效程度将直接关系社会经济的发展和广大公众的生活安定。社会组织因其具有非官方性、非营利性、志愿性、组织性以及自治性等特征,在公共危机应对中具有独特的优势与功能,从而有望极大提升公共危机治理的有效性。

一、社会组织参与公共危机治理的优势

(一)专业优势

在社会流动日益加快、社会分工日趋复杂的全球化浪潮中,是否具有专业优势对组织的生存和发展具有举足轻重的作用,社会组织也不例外。绝大多数社会组织从它成立的那一天起,就将"专业"二字作为其不懈的追求,组织纲领体现出鲜明的"专业"指向——明确的宗旨和目标,如致力于医疗救助、环境保护、文化恢复、心理援助和孤儿抚养等方面。专业的组织成员,成员均依据组织的宗旨和目标有针对性地吸纳,不仅要对组织的事业有深刻理解,具有公益精神、志愿精神、高度的责任感,而且还要具有该专业领域所需的专业理论素养和专业实践技能。在公共危机治理中,领域、类型和规模不一的社会组织,因其所拥有的专业信息、专业知识、专业技能以及基于高度责任感而采取的专业行动,其具有独特的优势。具体表现在三个方面:

首先,危机前预警。社会组织的专业性使其对某类特定的公共危机有着更为敏锐的感知和洞察力,他们可以运用自身的专业知识和技术优势对相关信息进行监测、收集、分析和加工,并据此对可能出现的危机作出前瞻性的科学判断,从而可以给各级政府提供专业的、有价值的政策建议,并在第一时间向社

---

① 亨廷顿.变化社会中的政治秩序[M].王冠华,等译.上海:上海三联书店,1989:1.

会及公众提出预警，使危机治理事半功倍，有效减少危机损失。

其次，危机中提出专业建议、提供专业服务、寻求国际支援。一些平时致力于研究和探索各种公共问题的智囊型社会组织，在公共危机应对过程中能够从更为专业、理性的视角，提出科学合理的政策建议，为迅速有效地化解公共危机提供强有力的智力支持。在为危机治理提供专业服务方面，社会组织通常都是基于特定的目标，针对特定的社会问题，或者某一特殊的群体建立起来的，专业色彩极其鲜明，因而在危机应对过程中，他们更加关注细节，提供的服务更具体，更具针对性，尤其是政府救援无力顾及或容易忽视的领域和人群。如在公共危机事件已经发生，但政府专业救援人员还未到达时，致力于医疗救助的社会组织可以利用自己的专业优势及时组织公众进行社会自救。致力于心理援助的社会组织在危机中为心理受创的人群提供心理咨询，安抚他们的情绪并进行心理治疗，为老人、儿童、残疾人、语言不通的外国人等危机中的弱势群体提供特殊救助。而且在社会组织中，有不少专家和学者与国际上相关领域的专业研究组织来往比较密切，经常进行学术交流，拥有一定的国际背景。当危机来临时，他们可以充分发挥专业对口的优势，积极寻求国际非政府组织在物资、人员和技术方面的支持，从而有效缓解危机对本国的影响和冲击力。

最后，危机后参与总结与评估、重建与恢复。危机事件的结束并不意味着危机治理的终结。危机事件带来的影响是复杂而深远的，尤其是特大灾害性危机后的重建与恢复更是一项漫长而艰巨的系统工程，社会组织的专业性使其在危机后的恢复中大有可为。一是参与危机总结与评估。危机结束后，社会组织可以充分发挥其专业优势，组织专题研讨和交流，对危机发生的原因、应对过程中的得失进行全面的分析、总结与评估，为政府有效提升公共危机治理的能力和水平，避免类似危机的再次发生提供专业建议和有益参考。二是参与重建与恢复。在危机后的重建与恢复阶段，社会组织可以充分发挥其专业优势，选择相应目标领域或目标群体，为灾后重建工作贡献具有独特价值的专业服务。如生态保护和文化恢复，以及心理援助。危机给受灾民众带来的心理阴影和创伤可能在相当长的时间里都难以消除，显然，专业的社会组织在对心理受创灾民的持续追踪服务方面更有优势。

（二）资源优势

在某种程度上，公共危机的应对过程其实就是资源大规模消耗的过程，因而能否及时调配和使用充足的资源是危机应对成功与否的关键。危机应对所需的资源主要来源于两个渠道：一是政府财政体系拨付的公共资源；二是民间的志愿资源或社会公益资源。然而由于政府资源的有限性，公共危机的突发性和不可预见性，可能导致常态下行之有效的行政动员和政治动员方式在危机情境下骤然失效。政府不可能也无力对公共应急资源大包大揽，以至于危机应对常常会陷入资金短缺、物资匮乏、人员紧张以及信息不畅等资源困境。而社会组织的草根性、公益性、专业性等特质使其在资源筹集和整合方面具有独特优势，由此成为政府之外公共应急资源的主要筹集者，实现社会公益资源的多元化、快速化集结，从而有效弥补公共危机应对的资源短板。社会组织在公共危机治理中的资源优势突出体现在以下方面：

首先，募集善款、筹措物资。当危机来临时，社会组织可以通过网络、媒体等多种途径向社会公众发布危机信息或举办危机信息发布会，进行广泛动员，为应对危机募集善款、筹措物资。例如及时公布捐赠热线及各种捐赠途径（如银行、邮政、手机、网络以及现场捐赠等方式）；游说、呼吁、鼓励社会各界积极参与捐赠，并在媒体上公布捐赠者的名单；通过各种项目推广活动（义卖、义演等）募集善款、筹措物资；有些具有国际背景的社会组织还可以发挥专业对口的优势，与国外相关企业和国际慈善组织取得联系，寻求相关资源和支持。需要说明的是，社会组织资金、物资的筹集并非只有在危机降临时才进行，有些社会组织，特别是那些有救灾宗旨或是曾经参与过救灾的社会组织，平时就应该高度重视救灾物资和资金的筹集与储备，蓄势而发，应时而动，以确保危机突至时救援工作能够及时、有效，且更具针对性。

其次，动员吸纳人力资源。社会组织是公共危机治理重要的参与主体，其成员往往都是在某些领域具有一定专业素养和专业技能的人才，基于共同的信仰与责任感凝聚在一起的，本身就是危机应对的重要人力资源。此外，社会组织一个重要的特征就是依靠价值使命来驱动，追求公共利益、崇尚志愿精神是组织行动的重要指南。这种强烈的公共意识和奉献精神、高度的使命感和责任心，能够吸引大批志同道合的志愿者聚集于麾下，从而凝聚丰厚的社会资本。当危机发生时，社会组织通过自身的网络平台和渠道积极吸纳全社会的志愿力量，大量招募志愿者，对他们进行规范管理以及志愿工作理念、相关危机知识、服务技能的培训，使他们能够有序、有效、有组织地参与危机服务。自愿性、无偿性和服务的公益性使志愿者成为危机应对中一支强大的生力军，在救灾物资发放、伤病员护理、管理和运营避难所、为老人妇女儿童等弱势群体提供帮助等方面发挥着不可或缺的作用，可以大大降低危机治理的成本，有效减轻政府的负担和压力。

最后，获取传递信息资源。在知识经济时代，信息就是知识、财富和战略资源。社会组织专业性、草根性的特质以及灵活多样的组织结构，使其信息渠道独立、分散且多元，在获取危机信息和及时有效地传递信息方面具有独特的优势。在危机发生前，社会组织可以充分利用其专业技术优势、广泛的社会触角以及深厚的成员基础，大量收集信息，通过分析判断，及早发现危机的根源和苗头，及时进行危机预警。在危机应对过程中，由于社会组织根植于社会、贴近基层，直接面对广大公众，相比政府而言更加了解和熟悉实际情况，往往能够在第一时间发现公众的利益诉求，了解民意民需，获取大量真实可靠的第一手信息，从而使政府和社会组织的危机应对能够有的放矢，更具针对性、更有效。

（三）效率优势

美国学者罗森塔尔认为，危机是在"时间压力和不确定性极高的情况下必须做出关键性决策的事件"[1]，福斯特也认为，"时间紧急""需要迅速做出决策"是危机情境的重要特征[2]。公共危机的突发性及危害的严重性需要公共危机治理的主体在危机出现的第一时间迅速做出决策，果断采取有效行动。

政府作为公共危机治理的责任者和主导者，在危机面前却往往难以避免决策和行动的迟缓，主要有两方面的原因。一是政府作为一种公共组织，主要依赖税收等公共资源以维持其自身的正常运转，这就决定了政府对任何公共资源的支出和调配都必须经过既定的规范流程才具有合法性。因此当危机突发而至时，程序的烦琐与冗长会严重制约政府对于危机的反应能力和速度。二是科层制政府体制机构庞大、部门众多、官僚主义的积弊，以及某些政治因素、价值因素等固有缺陷影响，使得一些政府官员缺乏降低成本、高效决策的内在动力。

较之于政府，社会组织在公共危机治理中具有明显的效率优势，主要源于三个方面的原因：一是决策体制独立而分散。社会组织具有自治性，作为一种

---

[1] Rosenthal U, Charles M T. Coping with Crisis: The Management of Disaster, Roits and Terrorism [M]. Springfield: Charles C. Thomas, 1989: 10.
[2] 希斯. 危机管理[M]. 王成, 等译. 北京：中信出版社, 2001: 25.

社会自治机制，社会组织主要依靠内部的治理程序监控自身的活动而不受其他势力的牵制，其思维逻辑也不像政府那样容易受各种既定行政思维模式的影响与干扰，决策分散而独立。因而当危机来临时，社会组织可以独立、迅速地做出决策，果断采取行动，及时渗入危机应对的各个环节，充分展示出其灵活性和高效性。二是运行方式灵活。由于公共危机具有极大的不确定性，在危机应对过程中常常会出现许多无法预知的新情况、新问题。而社会组织一般规模较小，且组织结构趋向扁平化和简单化，政策性不强、官僚化程度低，在危机应对中可以提供多样化、多层次的服务，具有较强的针对性、灵活性和有效性。因此，他们的参与不仅可以因时而易，即根据危机情境的不断变化，灵活调整行动方案，及时、高效地采取行动，而且可以因事而易。重大公共危机往往会催生一批新的社会组织，在危机应对中发挥重要的补充功能。三是具有内在的激励动力和自觉意识。社会组织在公共危机的参与中有着强烈的激励动力和自觉意识，他们迫切希望在危机中向政府、公众以及其他社会组织展示其强大行动力，从而以实际行动提升组织的公信力，树立良好的组织形象。这种内在的激励动力和自觉意识促使社会组织在危机来临时能够快速反应、果断地采取有效行动。

（四）沟通和协调优势

社会组织在公共危机治理中具有天然的沟通和协调优势，主要源于两个方面的原因：一是社会组织具有草根性。成熟良性的社会组织一般都发端于民间，其组织成员多来自基层，是公众利益的忠实代表。二是社会组织具有公益性和自愿性。社会组织参与公共危机治理不是出于行政职责，也非出于利益诉求，而是基于志愿精神和道义责任。社会组织的草根性、公益性和自愿性，使其相比其他治理主体更贴近基层民众，和广大公众联系更广泛、更密切、更具亲和力，也更容易获取公众的信任和认同，从而在危机治理中具有天然的沟通和协调优势。社会组织沟通和协调优势突出体现在以下两个方面：

第一，**可以更加顺畅、有效地和民众进行沟通和交流**。在危机发生前，社会组织可以利用其草根性和天然的亲和力，深入基层、社区和农村，采取多种方式和途径向广大公众宣传，帮助公众提高危机意识、学习危机防范知识和技能，增强公众对危机的抵御能力。在危机过程中，相比政府组织，社会组织能更准确地了解社会公众的所思所想，与公众的沟通交流更顺畅、更有效。尤其是当危机带来社会公众的集体恐慌时，社会组织的亲和力和公众对社会组织的信任感，使公众更容易接受社会组织提供的帮助。此时，社会组织可以通过良好、畅通的沟通和对话机制，向公众呈现真实可靠的危机信息，并为恐慌公众提供心理援助，以消除公众对危机的误解与恐慌，从而有效避免可能出现的"危机中的危机"。

第二，上情下达、下情上达，做好政府与公众交流沟通的纽带与桥梁。社会组织上接政府，下接基层，当公共危机发生时，社会组织一方面可以将政府应对危机的决策措施、推进流程等重要政策和信息及时传达给广大公众，实现上情下达，从而有效遏制谣言的传播，帮助公众克服恐慌心理，树立信心，稳定社会心理环境；另一方面，社会组织也可以将自身所掌握的各种危机信息、特别是救灾的进展、困难、受灾民众的需求等信息及时反映给政府部门，实现下情上达，使政府部门能够快速了解救灾一线的真实、具体情况，从而制定出更科学、更合理、更具针对性的危机应对策略，有效促进公共危机的化解。尤其在应对各类社会矛盾和利益冲突引发的群体性事件中，社会组织的纽带与桥梁作用更加凸显。在各种利益矛盾、利益冲突已成为常态、利益诉求日益增多的现代社会，如何才能将公众的利益诉求纳入正式的制度框架体系，使其能够通过正当的途径进行有序的表达，而不是累积问题、产生危机，甚至出现非理性对抗问题显得极为重要。社会组织公益性的特点使其能够更多地考虑利益受损群体的利益诉求，通过正当的途径为他们呼吁，帮助他们维权、调解矛盾等等，有效维护社会稳定、促进社会和谐。

二、社会组织参与公共危机治理的功能

社会组织独具的优势使其在公共危机治理中呈现出独特的功能，突出体现在以下方面：

（一）整合资源、优化配置

草根性、公益性和志愿性使社会组织拥有广泛的社会网络和雄厚的民间资本，更容易赢得广大公众的信任。当危机发生时，社会组织强大的凝聚力和扎实的社会基础使社会组织对民众的危机动员更有效率，从而能够在极短时间内，最大限度地汇集和凝聚本土社会资源和国际资源，实现对资金、物资、人员、信息等社会资源的迅速整合与优化配置，使资源的分配和使用更科学、更合理、更有效，真正服务于有需要的群体，从而有效弥补政府危机应急资源的短板。

(二) 降低成本、提高成效

决策体制的专业和独立，运行方式的灵活和机动，使得社会组织在参与危机治理时目标明确而单一，能够有的放矢，避免过度动员，以较低的成本达到较好的效果。而志愿服务的自愿性、无偿性和公益性使社会组织能够用更经济的方式、更少的资源成倍撬动社会资源，从而将资源的公益效益和社会效益发挥到极致，大大降低公共危机治理的成本，提升公共危机治理的成效。

(三) 促进公平、增进和谐

社会组织的专业性使其能够将触角伸至诸如净水供应、心理援助、为弱势群体提供关爱等危机应对中专业性很强却容易被政府忽视或无力顾及的细节和角落。社会组织的草根性和公益性使其更关注危机应对中的细节，关注危机中的特殊需求、少数群体、弱势群体和边缘群体，消除危机治理死角。社会组织的沟通和协调优势，使其成为疏通社会利益关系的调节器，化解冲突矛盾的"减压阀"，可以有效促进社会公平、维护社会稳定、增进社会和谐。

(四) 全程参与、持续作用

从危机发生前的预警，到危机应对中的全面参与，再到危机事件结束后的重建、总结与评估，从贯彻危机治理全过程的危机监督，到后危机时代的长期持续追踪，都充分体现了社会组织在公共危机治理问题上的全程参与和持续作用。

总之，社会组织在公共危机应对中具有独特的优势与功能，可以极大提升公共危机治理的有效性。当社会组织参与公共危机治理时，社会成员不再被动地了解和执行决策结果，而被赋予了更多的参与危机治理的机会和更多的知情权。通过社会组织参与，"可以建立起强有力的自下而上的社会监督网络，对危机决策和决策执行的失误进行及时和有效的监督和控制，从而确保公共危机治理的公共利益取向"[①]。社会组织所具有的一些专业优势和独特功能，可以有效弥补"政府失灵"的缺陷，帮助政府减轻公共危机造成的损失，有效节约应急救灾的成本，在危机前期的预警，危机后期的救援、物资供应、志愿服务、医疗救助等方面都可以发挥重要作用。

---

① 侯保龙.公民参与公共危机治理研究[M].合肥：合肥工业大学出版社，2013：81.

第三章
社会组织参与公共危机治理的问题透视

随着人类社会发展进程的不断加快，风险社会与自然灾害叠加的公共危机频繁发生，突破政府"单中心治理"的传统危机应对模式，整合社会资源，充分发挥社会力量，尤其是发挥社会组织在公共危机治理中独特的优势与功能，已经成为各国政府和公共管理者的共识。在我国，随着公民参与社会生活的基础不断扩大，社会组织参与公共危机治理也呈现出良好的发展势头，取得了一定的成效。然而透过热闹纷繁的参与表象，我们应当清醒地看到，现阶段我国社会组织参与公共危机治理的总体水平还比较低，尚有极大的拓展空间。在实践中仍然存在着许多不容忽视的矛盾和问题，阻碍着社会组织有序高效参与公共危机治理的进程。究其原因，既有参与制度不完善、参与资源不足、社会组织参与能力不足的困扰，也有更深层次的文化观念方面的误区。全面深入探讨这些问题有助于我们理性思考：如何扬长避短、趋利避害，根据我国现阶段社会组织参与公共危机治理的现实状态，努力寻求发展、完善我国社会组织参与公共危机治理的有效路径。

第一节 社会组织参与公共危机治理：参与现状

在多元治理已成共识，社会力量参与公共危机治理已成必然趋势的当下，我国学界与实务界也开始了推动社会组织参与公共危机治理的学术研究和实践探索。从非典危机到汶川地震灾害，再到新冠疫情，我们不仅看到了我国公共危机应对从"管理"向"治理"的重大转变，也看到了中国本土社会组织参与危机治理虽然艰难却不断进步的轨迹。

一、社会组织参与公共危机治理的制度环境持续改善

依靠群众、重视社会力量是我国灾难应对的优良传统。20世纪以来的数次公共危机治理，使民间力量愈来愈引起公共政策制定者和公共事务管理者的关注，社会组织参与公共危机治理相关法律法规的建设进程也不断加快。目前，我国已经初步形成了以"坚持政府主导、社会互助、灾民自救，充分发挥基层群众自治组织和公益性社会组织的作用"这一重要原则为指导，以《中华人民共和国宪法》（简称《宪法》）为根本依据，以《中华人民共和国突发事件应对法》为核心，以党的政策和相关法律法规为重要内容，以社会组织管理制度为配套的社会组织危机参与的法律法规体系。

（一）宪法和基本法律

我国宪法和基本法都有公民参与的相关规定。宪法第二条明确规定，"中华人民共和国的一切权力属于人民""人民依照法律规定，通过各种途径和形式，管理国家事务，管理经济和文化事业，管理社会事务"[①]。宪法对公民基本权利和公民参与的原则性规定是社会组织参与公共危机治理的合法性源头。

在我国现行基本法体系中，《中华人民共和国突发事件应对法》（2007）作为我国应对突发事件的专门法，规定了我国突发事件应对的主体、机制、机构等内容，尤其是"公民、法人和其他组织有义务参与突发事件应对工作"[②]的内容，明确了社会组织在突发事件应对中的主体地位，这是目前我国公共危机治理的重要法律依据。《中华人民共和国慈善法》（简称《慈善法》）（2016）则是我国第一部有关慈善组织界定、准入和管理等慈善制度的基础性、综合性法律。特别是该法中有关慈善组织准入门槛的相关规定，有望使长期以来我国社会组织双重管理的体制痼疾取得新突破。此外，《中华人民共和国公益事业捐赠法》（1999）、《救灾捐赠管理办法》（2008）等社会组织管理的单项法律法规，以及《中华人民共和国防震减灾法》（2008年修订）、《中华人民共和国传染病防治法》（2013年修订）、《中华人民共和国防洪法》（2016年修正）、《中华人民共和国安全生产法》（2021年修订）等具体危机领域的专门法中也有相关规定。

---

① 中华人民共和国宪法[M].北京：法律出版社，2018：60.
② 中华人民共和国突发事件应对法[EB/OL].中央政府门户网站，2007-08-30.

(二) 政府法规和党的决策

1. 政府法规①

政府法规包含了对社会组织管理和社会组织参与公共危机治理的相关法规。前者最主要的法律依据源于三个条例，即国务院发布的《社会团体登记管理条例》(1998)、《民办非企业单位登记管理暂行条例》(1998) 和《基金会管理条例》(2004)。其中《社会团体登记管理条例》于 2016 年进行了修订，修订后的条例降低了社团登记门槛、突破薪酬体系限制、强调治理结构的现代化以及重视信息公开。

我国现行政府法规中涉及社会组织和志愿者参与危机治理相关规定的主要有以下几部：《国家突发公共事件总体应急预案》(2006) 强调应急救援中社会力量的动员，明确了社会组织在应急救援工作中的主体地位；《关于支持引导社会力量参与救灾工作的指导意见》(2015)，是社会力量如何有序高效参与公共危机治理的重要指导性政策文件；《中共中央国务院关于推进防灾减灾救灾体制机制改革的意见》(2016) 认为在防灾减灾救灾中，"社会力量尚未得到充分发挥"，就如何完善社会力量参与机制提出了具体措施，强调构建多方参与的社会化防灾减灾救灾格局；《国家自然灾害救助应急法案》(2016 修订) 强调了"政府主导、社会互助、群众自救"的自然灾害救助原则；《生产安全事故应急条例》(2019) 则就安全生产工作提出动员各方面力量实施社会共治；《生产安全事故应急预案管理办法》(2019) 也提及社会组织可以参与生产安全事故应急的宣传、培训、演练等。此外，地方各级政府的相关法规中同样也有相关规定。

2. 党的决策

我国宪法明确规定，"中国共产党领导是中国特色社会主义最本质的特征"。在我国，党的方针政策是国家立法活动的根本指针，同样具有法定的权威性和有效性，有时甚至更具有决定性意义。党的十五大报告做出了"大力发展社会中介组织"的决定。党的十六届四中全会通过的《中共中央关于加强党的执政能力建设的决定》，强调民间组织在社会安全类公共危机治理中要发挥"协调利益、化解矛盾、排忧解难"的作用②。对社会组织发展具有里程碑意义的十七大报告中则明确提出要重视社会组织建设和管理，健全社会管理格

---

① 政府法规是指政府行政管理机关发布的法令、规章、条例等。
② 中共中央关于加强党的执政能力建设的决定[M].北京：人民出版社,2004：25.

局，发挥社会组织的积极作用。继"十二五"规划纲要强调提出"社会协同、公众参与"的社会管理体制新构想后，党的十八大、十九大报告以及"十三五"规划、"十四五"规划和2035年远景目标都强调要完善公民参与机制，构建全过程和全社会共同参与的突发事件应急体系，为切实推进国家治理体系和治理能力现代化进程提供了政策支持。

(三) 针对具体危机的行动规制

汶川地震发生后，国家密集出台了《关于加强汶川地震抗震救灾捐赠款物管理使用的通知》《关于汶川地震抗震救灾捐赠资金使用指导意见》《关于汶川地震抗震救灾捐赠资金使用有关问题的意见》等指导意见。新冠疫情防控期间，在党中央统一领导下，发布了《关于动员慈善力量依法有序参与新型冠状病毒感染的肺炎疫情防控工作的公告》《关于加强党的领导、为打赢疫情防控阻击战提供坚强政治保证的通知》《关于贯彻党中央部署要求、做好新型冠状病毒感染肺炎疫情防控监督工作的通知》等具体工作要求。这些意见、公告和通知既是对包括社会组织在内的社会力量参与抗震救灾的行动规制，也是对社会力量参与公共危机治理的价值认同与制度支撑。

二、社会组织参与公共危机治理的组织基础不断夯实

我国现代社会组织的发展始于新中国成立以后，其发展历程大致可以分为三个阶段：

一、起步阶段：从中华人民共和国成立至改革开放之前。在国家和社会重建的大变革中，我国社会组织的发展也经历了新旧更替、初步发展甚至断裂停滞的曲折历程。新中国成立初期，全国性社团仅有44个，到1965年增加到近100个，地方性社团600多个[①]。此后，社会组织的发展进入长达十年的断裂停滞期。

二、恢复调整与初步发展阶段：从改革开放至20世纪末。改革开放和社会主义市场经济的浪潮推进、《社会团体登记管理条例》颁布及后续修订、《民办非企业单位登记管理暂行条例》的颁布实施，共同推动着我国社会组织的发展。1985年我国社会组织的数量已经达到1978年的5.8倍，出现了我国社会组织发展的第一次高潮。此后，社会组织的发展虽然一度出现曲折，但从每年新增主要社会组织的

---

① 若弘.中国NGO：非政府组织在中国[M].北京：人民出版社，2010：71.

数量来看,均高于1978年的水平,总体上呈现出不断发展的趋势①。截至2000年底,全国社会组织总规模达到153 422个②,尤其值得一提的是在此期间,以"自然之友"为代表的我国第一批真正意义上的草根社会组织开始出现。

三、快速发展阶段:从21世纪初至今。进入新世纪,在经济领域大变革、社会思想领域大发展、社会组织法制化进程加快等诸多因素推动下,我国社会组织向着更加广阔的领域拓展,最明显的特征是数量持续上升,包括在各级政府民政部门登记注册的数量,以及免登记的社会组织和草根社会组织的数量。第一类组织随着社会发展的需要,数量增长非常明显(见图3-1、表3-1)。2001年在各级政府民政部门登记注册社会组织总量为21.1万个,2010年增加到44.5万个,总量增加超过一倍,而到了2020年底,社会组织的规模在2010年的基础上再次翻倍,总量达到89.4万个(见图3-2、表3-2)。

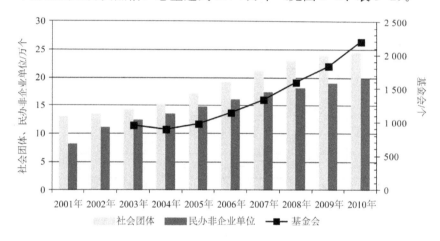

图3-1　2001—2010年我国社会组织数量

表3-1　2001—2010年我国社会组织数量　　　　　　（单位:万个）

组织类型	年度									
	2001年	2002年	2003年	2004年	2005年	2006年	2007年	2008年	2009年	2010年
社会团体	12.9	13.3	14.2	15.3	17.1	19.2	21.2	23	23.9	24.5
民办非企业单位	8.2	11.1	12.4	13.5	14.8	16.1	17.1	18.2	19	19.8
基金会/个			954	892	975	1 144	1 340	1 597	1 843	2 200

---

① 王名,孙伟林.我国社会组织发展的趋势和特点[J].中国非营利评论,2010(01).
② 2000年民政事业发展统计报告[EB/OL].中华人民共和国民政部网站,2001-04-03.

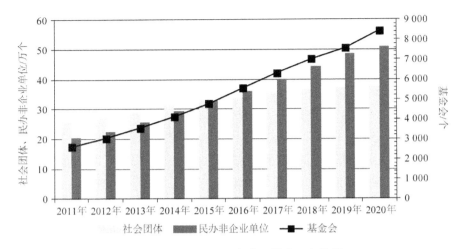

图 3-2　2011—2020 年我国社会组织数量

表 3-2　2011—2020 年我国社会组织数量　　　　（单位：万个）

社会组织	年度									
	2011年	2012年	2013年	2014年	2015年	2016年	2017年	2018年	2019年	2020年
社会团体	25.5	27.1	28.9	31.0	32.9	33.6	35.5	36.6	37.2	37.5
民办非企业单位	20.4	22.5	25.5	29.2	32.9	36.1	40.0	44.4	48.7	51.1
基金会/个	2 614	3 029	3 549	4 117	4 784	5 559	6 307	7 034	7 585	8 432

图 3-1、表 3-1、图 3-2、表 3-2 资料来源：根据中华人民共和国民政部网站 2001—2020 社会服务发展统计公报/民政事业发展统计公报中数据整理。

　　从图表中可见，新世纪以来在各级政府民政部门登记注册的社会组织（即法定社会组织）在数量上持续、快速、稳步增长，并呈现出"日益正规化、多元化的发展趋势，初步形成了数量增长较快、领域分布较广、门类比较齐全的中国特色社会组织发展体系"[①]。草根社会组织囿于双重管理体制的登记门槛较高而无法跨入，但其数量众多，已远远超过法定 NGO 的数量。此外，还有不少免于登记的社会组织。因此，虽然我国社会组织发展先天不足，但从纵向发展的视角来看，现今我国社会组织的规模已经相当可观。

　　如今，数量持续增长、稳步有序发展的社会组织在我国社会生活中扮演着越来越重要的角色，社会影响力也不断增强。特别是新世纪以来，在党和政府

---

① 王名，丁晶晶.社会组织参与社会管理创新的基本经验[J].中国行政管理，2013(04).

的鼓励、支持和引导下，中国红十字会、中国扶贫基金会、中国青少年发展基金会、自然之友、绿色家园志愿者、北京地球村等众多法定和草根社会组织积极参与各种危机应对，发挥着日益显著的作用，已经成为我国公共危机治理的一支重要而独特的组织力量。

三、社会组织参与公共危机治理的社会氛围不断向好

（一）公众危机意识与参与意识不断增强

新世纪以来，从灾害性危机到事故灾难危机，从利益冲突等引发的社会安全危机再到全国，甚至全球性的公共卫生危机，公共危机已成常态，广大民众的公共危机意识和参与意识也得到了强化。"5·12"汶川大地震强力唤醒了中国民众的公民意识，出现了志愿者"井喷"的现象。新冠疫情发生后，从武汉封城到举国防控，中国政府和人民打响了一场全民参与抗击疫情的人民战争[①]。无论是核酸检测和筛查，还是疫苗接种等工作，广大民众都会在第一时间积极配合政府或相关组织，严格按照相关要求规范个人行为。在从整体防控到有序精准防控，在保供应、促生产化危为机的全民参与过程中，中国稳住了经济社会发展的基本盘，为全面建成小康社会和全面推进第二个百年的奋斗目标创造了有利条件，也为全球的发展、稳定做出了应有的贡献。

（二）公众对志愿精神认知度不断提高，志愿者队伍不断壮大

社会组织能否有序高效参与公共危机治理，与公众志愿精神的增强、志愿者队伍成长以及志愿服务的发展密切相关。志愿服务的概念源于西方宗教性的慈善服务，19世纪初期开始在西方国家出现。伴随着全球志愿服务发展的潮流，志愿服务的理念传入中国。由于志愿理念与仁爱、互助、奉献等中国传统文化伦理相契合，志愿精神和志愿服务逐渐得到我国公众的认可并日益发展起来。

20世纪80年代末，中国自己的志愿者和志愿者活动开始出现。相关统计资料显示，2001年我国以正式或者非正式途径参与志愿服务的18岁以上公众人数为7.69亿人，贡献志愿服务时间为189.63亿小时，人均志愿服务时间为77小时，参与率达到85.2%[②]。进入21世纪后，我国志愿服务迅速发展起来，

---

① 习近平.在统筹推进新冠肺炎疫情防控和经济社会发展工作部署会议上的讲话[EB/OL].中国政府网,2020-02-24.
② 高丙中,袁瑞军.中国公民社会发展蓝皮书：2008[M].北京：北京大学出版社,2008：327.

志愿者队伍不断壮大。从2003年的非典疫情到2008年的汶川地震，公众对志愿精神认知度不断提高，志愿服务领域不断拓展。尤其是被称为"志愿者元年"的2008年，更是我国志愿者队伍发展过程中极具里程碑意义的一年。在突如其来堪称新中国成立以来最严重的地震灾害面前，社会公众参与危机救援的志愿精神和志愿热情被空前激发，数以万计的志愿者们投入这场新中国成立以来最大规模的志愿服务中，以实际行动向全社会展示志愿服务的理念和价值。据民政部统计资料显示，2008年全国志愿者人数已接近1亿人，不计未注册的志愿者，全年有1.4亿人次的注册志愿者提供了17亿小时的志愿服务①。2011年全年我国参加志愿服务的人次为950.2万，贡献志愿服务时长为9 272.6万小时②。

此后，我国志愿者队伍持续稳步发展。以社会服务领域/民政领域的志愿活动为例，从2012至2020年，我国每年参加志愿服务的人次和志愿服务的时长虽因多种因素而有所起伏，但总体上仍呈现出缓步攀升的趋势。2019年全国注册志愿者人数已近1.4亿人，全年有1 664.2万人次参加了民政领域志愿服务，贡献志愿服务时长达4 326.9万小时③。而到了2020年，全国注册志愿者人数猛增近5 000万，总规模接近1.9亿人，全年有2 401.4万人次参加了民政领域志愿服务，服务时长为5 741.1万小时④（见图3-3）。

图3-3　我国社会服务领域/民政领域的志愿服务人次及时长（2012—2020）

资料来源：根据中华人民共和国民政部网站2012—2020社会服务发展统计公报/民政事业发展统计公报中数据整理。

---

① 2008年度中国慈善捐助报告[EB/OL].中华人民共和国民政部网站，2009-03-10.
② 2011年社会服务发展统计公报[EB/OL].中华人民共和国民政部网站，2012-06-21.
③ 2019年民政事业发展统计公报[EB/OL].中华人民共和国民政部网站，2020-09-08.
④ 2020年民政事业发展统计公报[EB/OL].中华人民共和国民政部网站，2021-09-14.

公众对志愿精神认知度不断提高，志愿者队伍不断壮大和持续稳步发展为社会组织有序高效参与公共危机治理提供了重要的人力资源和中坚力量。

四、社会组织参与公共危机治理的实践探索不断推进

社会组织参与行为与危机密切相关，在此，我们选取新世纪以来我国极具代表性的公共危机的典型案例（见图3-4），来梳理分析社会组织参与公共危机治理的实践探索历程。

案例1　SARS危机

在SARS危机中，从2002年底发现首例SARS病例，到2003年4月北京和部分省（区、市）爆发SARS疫情，我国民间组织大多表现被动、反应迟缓，基本没有发挥出快速反应、及时行动的组织优势，尤其是众多的草根组织并未参与其中。直到政府对SARS全面宣战，民间组织才开始陆续行动起来。中华慈善总会、中国社会工作协会等十家民间组织联合发出了致全国社会公益组织、社区组织和广大志愿者"奉献爱心抗击SARS"的倡议书；中国红十字会、中国妇女发展基金会等民间组织也发起了向一线医务人员、贫困患者家属的援助活动；"协作者之友"等草根组织还发起了帮助流浪儿童、非建制的建筑民工抗击SARS的活动。

案例2　南方雪灾

南方雪灾是2008年初发生在中国的大范围低温、雨雪、冰冻等自然灾害，上海、江苏等20个省（区、市）均不同程度受到影响。南方雪灾凸显了我国民间参与力量的不足。雪灾初始，在大雪冰冻封路，滞留在火车站、高速公路和列车上的大量民众需救助的情况下，除了一些零散的志愿者，很少看到民间组织参与救援，中国红十字会等具有官方色彩的社会组织也难觅踪影。直到1月29日中国扶贫基金会与新浪网才启动"有你，这个冬天不会冷——中国扶贫基金会南方雪灾紧急救援行动"，呼吁社会各界关注并支持南方雪灾的灾民，开通捐赠热线。

案例3　汶川地震

2008年的汶川地震是新中国成立以来破坏性最强、涉及范围最广、救援难度最大的一次地震。在此次救灾中，中国本土社会组织"第一次集体亮相"，有6 000多个社会组织直接或间接参与了抗震救灾工作。有2 456个社会组织组织了15万余名志愿者直接参与救灾抗震，有300多个社会组织在第一时间组织突击队深入灾区抢救生命、救治伤员、转移安置灾民和向灾区捐赠、运送救灾物资。深入灾区的国内外志愿者队伍达300万人以上，在后方参与抗震救灾的志愿者人数达1 000万以上。此次救灾中还出现了"中国民间组织参与汶川地震救灾行动联合声明""NGO四川地区救灾联合办公室"等社会组织联合行动的新模式。汶川地震引发了一场井喷式志愿浪潮，开启了中国"志愿行动元年"。

案例4　COVID-19疫情

2020年初，一场新中国成立以来传播速度最快、感染范围最广、防控难度最大的重大公共卫生事件骤然而至。疫情发生后，在党和政府的统一领导下，打响了一场疫情防控的人民战争。中国红十字会、中国扶贫基金会、壹基金、爱德基金会等各级各类社会组织结合自身优势，线上线下广泛动员社会民众捐款捐物捐服务；大量社会组织向社区下沉，参与社区疫情排查、宣传教育、疫情动态报告、心理疏导、危机干预、资源链接、疫苗接种等工作，社区成为疫情防控的坚强堡垒；以校友会为代表的海外华人组织，全球寻找抗疫物资、多头募集款物。社会力量的积极参与为坚决遏制疫情扩散、夺取全国疫情防控阻击战的全面胜利做出了重要贡献。

图3-4　我国社会组织参与公共危机治理的典型案例

资料来源：中国扶贫基金会南方雪灾紧急救援行动启动[EB/OL].中广网，http://www.cnr.cn/2008tf/cxjx/zxxx/200801/t20080130_504692722.html；徐永光.合作，中国NGO发展的理性选择[EB/OL].http://www.naradafoundation.org/sys/html/lm_25/2009-01-09/120412.htm；钱宁.四川地震后的政府、非营利组织与社区合作关系思考[EB/OL].http://www.cares.org.tw/files/4200/79/p255-260—%E9%8C%A2%E5%AF%A7.pdf；中华人民共和国国务院.中国的减灾行动[EB/OL].http://www.gov.cn/zwgk/2009-05/11/content_1310227.htm；李迎生.社会力量如何有序参与重大突发公共卫生事件治理——基于新冠肺炎疫情防控实践的研究[J].社会科学 2020(4)：68-76.

纵观我国社会组织参与公共危机的实践历程，我们可以看到，在 SARS 危机之前，我国危机应对领域仍然由政府垄断，社会力量参与基本是行政动员下的被动参与，本土社会组织中除了中国红十字会、慈善总会等极少数具有官方色彩的社会组织，其他社会组织尤其是草根组织鲜有组织化参与渠道。及至 SARS 危机，政府动员下的社会参与的局面并未得到明显改观，社会组织的快速反应和及时行动的优势也并未充分展现，但我们欣喜地看到了社会力量自主参与危机应对的强烈愿望，开始出现了 NPO 信息咨询中心、自然之友等自发行动的社会组织的身影，甚至出现了因危机而成立的新的社会组织，多元参与的危机治理思路开始引起关注。

  2008 年初春的南方雪灾，当滞留在火车站、高速公路和列车上的公众急需救援之际，社会组织的参与却严重不足，无论是应急反应还是组织动员能力，都与公众的期望相较甚远。但此后不久的汶川地震却成为展现社会组织行动力的重要舞台，在这次抗震救灾中，众多社会组织和志愿者的表现可圈可点，"起到了半边天的作用"[1]，得到了政府和公众的广泛认可。更重要的是，汶川地震不仅引发了一场井喷式志愿浪潮，开启了中国的"志愿行动元年"，而且"培育了中国第一批专业化救灾组织和志愿者团队"[2]。在新冠肺炎疫情阻击战中，与许多西方国家，尤其是美国疫情应对的悲剧性混乱相比，中国抗疫成效令人惊叹，不仅因为我们有一个时刻牢记人民至上、不忘初心责任、拥有出色动员组织能力的强大的领导核心，还因为我们的疫情防控是一场万众一心、众志成城的人民战争。在习近平总书记"打赢疫情防控这场人民战争，必须紧紧依靠人民群众……防控力量向社区下沉"指示下，包括社会组织在内的社会力量积极参与，大量社区组织和志愿者投入社区疫情防控，构筑起了一座座疫情防控的坚强堡垒，成为我们打赢这场疫情防控战不可忽视的重要力量。

  从 SARS 危机到 COVID-19 疫情，在一次次危机参与实践的磨砺中，社会组织参与危机治理的意识不断被唤醒，危机参与的领域在逐渐增多，专业的志愿精神和危机参与的能力在实践中得到锤炼和提升。政府对社会组织在危机治理中潜在的巨大能量愈来愈重视，民众对社会组织参与的关注愈来愈多，社会组织的影响力不断扩大。即便参与性严重不足的南方雪灾对于社会组织来说

---

[1] 王振耀. NGO 组织在地震中起到了半边天的作用[EB/OL]. http://news.sina.com.cn/c/2008-12-17/150716866693.shtml, 2008-12-17.
[2] 文梅. 汶川地震十周年系列：中国公益十年数据观察[EB/OL]. 公益时报, 2018-05-13.

也是一次宝贵的教训。虽然艰难却不断进步的参与实践必将成为社会组织参与危机治理继续前行的宝贵财富,也是我们分析如何推进社会组织有序高效参与公共危机治理的重要实践参考。

第二节 社会组织参与公共危机治理:问题呈现

梳理我国社会组织参与公共危机治理的现实状态,我们不难发现,尽管我国社会组织参与公共危机治理起步较晚、步履艰难,但是,我们仍能看到中国本土社会组织不断进步的轨迹。社会组织参与公共危机治理的制度环境持续改善、组织基础不断夯实、社会氛围逐渐向好,而新世纪以来的历次重大公共危机更使社会组织在实践的考验和锤炼中不断积累经验、反思不足、日渐成长。但是我们也必须清醒地看到,由于多种因素的制约,当前我国社会组织的危机参与在呈现出逐步发展、不可逆转的基本趋势的同时,也暴露出诸多不容忽视的问题,制约着社会组织危机参与的进程。

一、就参与广度而言:参与不足,主动参与率偏低

(一)社会组织参与不足

首先,我国社会组织整体发展薄弱,民间力量还有待开发。近年来在党和政府的鼓励、支持和引导下,我国社会组织稳步有序发展,但总体而言,我国社会组织发展仍处于初级阶段,其规模和数量与发达国家相比并不尽如人意。美国"平均每175个美国人就拥有一个非营利组织,四分之一的16岁以上的美国人在社会组织中从事志愿工作"[1]"德国总人口为8 267万,协会和基金会总量接近60万"[2]"拥有13.68亿人口的中国却只有7万个协会和5 000多个基金会"[3]。根据2020年底民政部相关报告、公报统计数据,近年来我国社会组织数量增速还出现了持续下滑态势(见图3-5)。"社会组织所能俘获到的政府资源支持减少,以及其所需要面对的内外部环境的变化,引致了其增速放

---

[1] 徐晞.美国社区救助中的社会组织参与[EB/OL].人民论坛网,2017-02-22.
[2] 李楠,马庆钰.中德政府与社会组织关系比较[J].行政管理改革,2018(1):54-59.
[3] 李楠,马庆钰.中德政府与社会组织关系比较[J].行政管理改革,2018(1):54-59.

缓。"① 而发展的不足必然带来参与的不足。当然，在统计数据当中，固然有因为政策限制未能进入政府视野的草根组织，但相对于西方国家社会组织发展现状而言，相对于新时代我国经济社会的快速发展和社会的巨大变迁而言，相对于我们正在推进的国家治理体系和治理能力现代化的进程而言，尤其是相对于社会组织在危机治理中能够和应当发挥的作用而言，我国社会组织整体发展显然不足，民间力量还有待更好地开发。

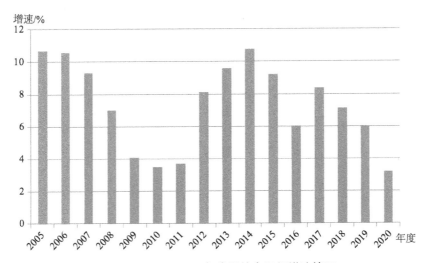

图 3-5　2005—2020 年我国社会组织增速情况

表 3-3　2005—2020 年我国社会组织增速情况

要素	年度															
	2005	2006	2007	2008	2009	2010	2011	2012	2013	2014	2015	2016	2017	2018	2019	2020
总量/万家	32.0	35.4	38.7	41.4	43.1	44.6	46.2	49.9	54.7	60.6	66.2	70.2	76.2	81.6	86.6	89.4
增速/%	10.7	10.6	9.3	7	4.1	3.5	3.7	8.1	9.6	10.8	9.2	6	8.4	7.1	6	3.2

资料来源：《2004—2009 年度民政事业发展统计报告》《2010—2017 社会服务发展统计公报》，2018、2019、2020 年《民政事业发展统计公报》。

其次，我国现有社会组织中，能够真正有效参与危机治理的社会组织数量有限。根据民政部门相关统计数据，目前我国社会组织的活动领域主要集中于科学研究、教育、卫生、社会服务、文化、体育、工商业服务、农村及农村发展等领域（见图 3-6），鲜有以救灾等危机救援为宗旨的专业危机型社会组织。

---

① 陈友华,詹国辉.中国社会组织发展：现状、问题与抉择[J].新视野,2020(5)：73-80.

笔者在调研中也发现，几乎所有的社会组织都面临着危机应对的专业知识和技能匮乏、危机应对经验严重不足的问题，更不用说像新冠肺炎疫情这种具有高度专业性要求的传染病防控应对。再加上参与资源、参与渠道等因素的制约，因此，当危机发生时，多数社会组织事实上很难顺利实现日常功能向危机救援功能的及时转变。即便是参与，仅凭一腔热情，更多的是扮演"摇旗呐喊者"的角色，能够真正有效参与到危机救援中的社会组织的数量相当有限。例如"5·12"汶川大地震发生后，虽有大量的社会组织和志愿者，但真正能够参与紧急救援以及灾后重建的数量不到其总量的20%[①]。

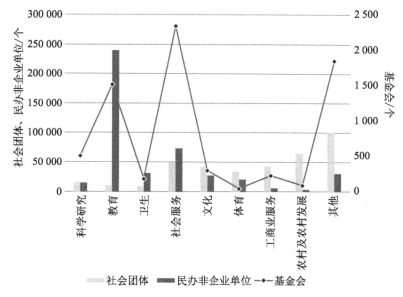

图 3-6　2018 年我国社会组织主要活动领域

资料来源：根据民政部《2018 年民政事业发展统计公报》整理编制。

（二）社会组织主动参与率偏低

从理论上看，相比政府非常态决策的迟缓和滞后，社会组织的组织结构使其天然具有反应迅速、行动灵活的独特优势。然而从 SARS 危机到新冠疫情，我们发现多数时候社会组织的参与仍然是行政动员下的被动参与，主动参与率偏低。SARS 危机中，直到政府对 SARS 全面宣战，民间组织才开始陆续行动起来。南方雪灾中，社会组织参与严重不足，除了"唐山 13 义士""贵阳绿丝

---

① 梁雁."5·12"赈灾志愿者的表现、问题及对策[EB/OL].网易新闻,2009-07-13.

带""广州春运义工"等极少数志愿群体和一些零散的志愿者,很少看到民间组织参与救援,就连官方色彩的社会组织也难觅踪影。直到2008年1月29日,中国扶贫基金会与新浪网才启动紧急援救行动。汶川大地震和新冠肺炎疫情中,社会组织参与的主动性积极性有了很大改观,然而我们不得不承认,更大规模的参与行动仍然是在党和政府采取措施、发出倡议之后。

二、就参与深度而言:参与表层化、有效性不足

虽然危机常常表现为突发性、威胁性的紧急事件,但事实上公共危机是有着复杂前因后果的完整生命周期,要历经危机潜伏、危机爆发、危机扩散、危机结束等"峰态""谷态"。因此危机治理并不仅仅是危机爆发和扩散阶段的紧急救援,而是涵盖前期的危机预防、中期的紧急应对和后期的恢复重建的全过程。我国社会组织参与公共危机治理虽然取得了一定的成效,但总体而言并未实现全方位的深度参与,参与表层化、有效性不足的问题依然突出。

(一)参与缺乏前瞻性

在公共危机治理全过程中,危机预警是重中之重。因为有效的危机预警可以将危机扼杀在萌芽状态,使危机治理事半功倍。但是政府由于日常事务的繁杂难以顾及,公众缺乏专业的知识和技术也难有作为,而社会组织的专业性使其对某类特定的公共危机有着更为敏锐的感知和洞察力,他们可以运用自身的优势进行信息监测和分析,做出前瞻性判断,向政府提供政策建议,向公众提出危机预警。但从现实情况来看,当前我国社会组织参与更多地集中在危机爆发后的紧急救援阶段,在危机预警方面少有作为,危机爆发初期也常常应对失序。以南方雪灾为例,这次危机既没有前期的有效预警,在灾害发生后对其可能造成的危害也缺乏前瞻性判断,应对滞后,直到2008年1月29日"中国扶贫基金会紧急救援后援联盟与新浪网共同启动了'有你,这个冬天不会冷——中国扶贫基金会南方雪灾紧急救援行动'"[1],才启动紧急救援行动。缺乏前瞻性、参与滞后使得此后危机应对的难度和成本不断叠加。

(二)参与缺乏专业性

与众多发展成熟的国际NGO相比,我国本土社会组织由于多种因素的影

---

[1] 中国扶贫基金会南方雪灾紧急救援行动启动[EB/OL].中广网,2008-01-30.

响普遍存在专业能力不足的问题。从社会组织历次危机参与的实践来看，专业性不足已经成为制约我国社会组织参与危机治理的一大痛点。由于缺乏相应的专业训练、科学的行动策略和必要的专业知识，一些社会组织在危机参与中很难有效开展工作，往往只能从事简单的体力方面的志愿劳动，作用非常有限。参与的范围也大多是组织动员民众捐钱捐物、给灾民发放物资等，难以满足受助群体尤其是特殊群体的多元化需求。以心理援助为例，对灾民和特殊群体的心理援助是危机应对的重要内容，然而心理援助具有极强的专业性，绝非仅凭一腔热情，靠唱唱歌、跳跳舞、聊聊天就能解决的事情，需要极强的专业知识和科学有效的心理干预方式。历次危机中曾经有不少心理救援组织奔赴灾区参与救援，但是其中许多人既没有心理干预背景和专业知识，也未接受过专业的心理救援培训，参与的效果也就可想而知了。甚至出现了不同人员实施心理援助的方式相互矛盾、作秀式救援等新的问题。

(三) 参与缺乏持续性

实践证明，专业性越强的社会组织参与时间越长，参与时间越长的社会组织参与程度越深、参与的范围更广更全面。目前我国社会组织的危机参与缺乏持续性。参与主要集中在紧急救援阶段，到后期恢复和重建阶段，由于专业性不足、缺乏资源和资金以及法规政策等影响，社会组织和志愿者的数量急剧减少，大部分社会组织"默默"撤走，恢复和重建中的灾区出现了志愿"真空"。汶川地震初期，"据不完全统计，当时奔赴四川一线参与救灾的民间组织有300多家，介入的志愿者更达到30万人左右"[1]。但到了"2009年4月时，坚守在灾区的NPO估计已经不足50家，志愿者不到5万人"[2]。

社会组织参与公共危机治理之所以必要，一个重要的原因就在于社会组织参与危机治理可以有效弥补政府缺位和市场失灵。我国社会组织危机参与的表层化、有效性不足使其难以发挥独特的优势和功能。因此，社会组织不仅急需提升紧急救援阶段危机参与的专业性，更要注重危机前期的预防和准备，以及危机恢复与重建阶段持续的参与能力，因为这种全过程的有效参与才是真正意义上的深度参与。

---

[1] 包丽敏.谁来执掌760亿元地震捐赠？[EB/OL].中国青年报,2009-08-12.
[2] 林闽钢,战建华.灾害救助中的NGO参与及其管理：以汶川地震和台湾9·21大地震为例[J].中国行政管理,2010(3)：98-103.

三、就参与范围而言：参与不平衡、全面性不足

（一）参与类型不平衡

我国疆域辽阔、地形复杂，各种灾害性危机频繁发生，因此自然灾害危机成为目前我国社会组织参与的最主要领域。而非典、禽流感、新冠病毒等疫情的暴发也使公共卫生危机得到社会组织越来越多的关注。因此，总体而言，目前我国社会组织参与主要集中于自然灾害危机和公共卫生危机，在事故灾难和社会安全危机等方面，社会组织严重缺位，发挥的作用相当有限。事实上，当前中国正处于矛盾凸显的重要转型期，社会结构的显著变化和权力利益关系的调整以及受诸多复杂因素的影响，使得事故灾难危机和社会安全危机呈上升态势。其实社会组织的天然优势，使其在事故灾难危机以及重大群体性事件、恐怖袭击等公共安全领域同样可以有所作为。例如在群体性事件中，社会组织可以充当政府和社会沟通的桥梁和枢纽，成为疏通社会利益关系的调节器，化解冲突矛盾的"减压阀"，维护社会稳定、增进社会和谐。在事故灾难和恐怖袭击的公众安全意识教育、危机知识传授以及危机心理干预等方面社会组织同样可以发现自己的作用空间。

（二）参与地域不平衡

受经济社会发展大环境和公众认识能力、知识水平等因素影响，我国社会组织的数量和质量存在着明显的地域差异。一是东西部差异。在东部沿海发达地区，社会组织无论在质量还是数量上都远超西部和内地。仅以民政部统计的民办非企业单位登记数量为例，超过1万家的基本集中在山东、江苏、浙江、广东等东部沿海发达省份。二是城乡差异。和城市特别是大城市相比，中小城镇尤其是广大农村地区，社会组织发展严重不足，数量少、规模小，难以获得社会的关注和支持。这种差异直接导致了危机参与中不同地域社会组织参与的量与质的不平衡。此外，参与地域不平衡还体现在具体参与过程中。由于政府、媒体关注程度不同，再加上信息不畅等因素的影响，社会组织往往更关注受灾最严重的"黑色地带（Black Zone）"，而忽视那些虽然遭受严重损失，但却未引起足够的重视的"白色地带（White Zone）"，以及遭受到危险的临界的"灰色地带（Gray Zone）"。汶川地震中这种情况并不少见，新冠肺炎疫情中同样出现了类似情形，"武汉吸引了全社会的关注，大量援助物资涌向武汉，与此同时其他一些疫情也比较严重的地区的医疗和防护物资也告急，但得

到的关注和援助却非常不足"①。

（三）参与领域不平衡

公共危机治理是一项全面系统的工程，社会组织参与不仅要关注资金筹集、物资援助、志愿服务等领域，还要向更深层次的心理援助等领域拓展。从某种程度上说，可怕的不是危机本身，公众对危机的恐惧、集体性焦虑以及危机带来的持久性心理创伤可能才是真正的危机。而目前我国社会组织的危机参与"更多集中在物资救援等方面，缺乏实施公众心理调控和心理救援的经验和意识"②。新冠肺炎疫情初期武汉的全面封控，长达数月的居家抗疫，对全体民众来说都是一场前所未有的巨大心理考验，也更加明显暴露出社会组织在危机参与中缺乏心理救援的经验和意识，专业心理救援人才极度匮乏的短板。

四、就参与渠道而言：存在非制度性参与、有序性不足

"非制度性参与是指突破现存制度规范的行为，是在社会正常参与渠道之外发生的活动。"③ 从 SARS 危机到新冠疫情，历次危机参与实践中非制度性参与始终不同程度存在。

在 SARS 危机中，除了中国红十字会、慈善总会、中国扶贫基金会等少数具有官方色彩的社会组织，其他社会组织鲜有制度化参与渠道。汶川地震引发了一场井喷式志愿浪潮，但随之也带来了非制度性参与的突出问题。绝大多数缺乏参与渠道的社会组织，特别是一直以来无法在各级民政部门注册登记、身份尴尬的众多草根社会组织在不期而至的灾难面前，纷纷采取了制度外的紧急救援措施。在危机爆发初期、灾区需求巨大的情况下，社会力量的大规模参与确实能够在一定程度上弥补行政救援可能出现的局部失灵状况，但大量的应急性非制度参与也不可避免导致参与的盲目和无序。例如，汶川大地震初期一度出现了混乱局面。开车参与救援却造成了道路的交通拥堵，给本来已不畅的生命救援通道带来致命的影响。救灾资源分配不均、重复浪费，有的地方"一个孩子得到了 5 个书包、10 个文具盒"④，而同样受灾的偏远地区却少有人问津，

---

① 徐凡.构建韧性社会,多元社会组织的专业和长效协作必不可少[EB/OL].凤凰网,2020-02-24.
② 抗击雪灾的心理援助——访中国科学院社会与组织行为研究中心主任时勘教授[N].科学时报,2008-01-31.
③ 金华.公民政策参与：实然描述、应然指向及行为改善[J].地方治理研究,2021(1)：13-26.
④ 贾西津.汶川大地震中的民间救灾,如何持续？[EB/OL].博客中国,2008-07-09.

难以得到资源。甚至出现了救援者反而沦为次生灾民的尴尬现象。不得不说这些情况的出现，与缺乏救援所需的制度化信息资源评估、对接共享机制、沟通协调机制等都有莫大的关系。

新冠肺炎疫情初期的武汉也曾因为大量非制度性参与的存在一度失序，但是整个防控工作很快吸取了前期的教训，中央文明办、中国志愿服务联合会发布《关于号召广大志愿者、志愿服务组织积极有序参与疫情防控的倡议书》，民政部发布了《关于动员慈善力量依法有序参与新型冠状病毒感染的肺炎疫情防控工作的公告》，中国青年志愿者协会发布了《关于青年志愿者组织和志愿者开展疫情防控应急志愿服务的工作指引》，目的都是规范和引导社会力量依法有序参与疫情防控。

五、就参与组织化程度而言：参与碎片化、协调性不足

改革开放以来，特别是进入新世纪以后，我国社会组织有了长足的发展。然而较之于发达国家仍然呈现出数量少、规模小、危机参与能力和水平不足等不容回避的现实。对于基础薄弱、原子化、分散的社会组织个体而言，唯有寻求组织化的参与路径，借助组织的力量才能实现有序高效的危机参与。而从当前的现实来看，我国社会组织危机参与的组织化程度远未达到理想水平，参与碎片化、协调性不足，具体表现在两个层面。

（一）缺乏组织化参与平台

从历次危机参与的实践来看，我国社会组织力量整合严重不足，参与碎片化，经常彼此分立、各自为政，缺乏统一指挥协调行动的组织化参与平台。汶川大地震中虽然出现了社会组织联合行动的新模式，成立了"NGO四川地区救灾联合办公室""四川5·12民间救助服务中心"等组织化参与平台，在紧急救援阶段发挥了一定的作用，但遗憾的是这些组织化参与平台未能持续下去，到安置阶段已经开始解体，及至灾后重建阶段，大部分都已经处于解散状态。组织化参与平台，特别是常态化的组织参与平台的缺乏导致救援力量分散，资源重复，效率低下，甚至出现参与的混乱和无序，大大弱化了社会组织危机参与的效果。

（二）缺乏有效的组织间互动合作

2008年5月12日，在北京召开的中国国际民间组织合作促进会会议因灾情被迫中断，但各民间组织负责人面对突如其来的大地震却不知道应该做什

么,反应各异。各组织之间因平时缺乏互动,在遭遇紧急情况时很难有效组织起来,并在短时间内动员大量的资源。"它们像一盘散沙,支离破碎地散落在社会的各个角落中,是转型时期中国民间组织的一个基本状态。"[1] 此后虽然发起了"中国民间组织抗震救灾行动联合声明"活动,成立了"NGO 四川地区救灾联合办公室""四川 5·12 民间救助服务中心"等联合机构,在一定程度上推动了救灾工作,但由于平时缺乏横向联系,在应急状态下,信息共享和资源整合工作并不顺利。"甚至灾后参与'抗震救灾行动联合声明'的各 NGO 也是联合反应,单体行动。"[2] 在新冠疫情防控期间,这一局面虽然得到一定程度的缓解,但参与组织化程度低、参与碎片化、合作困难、协调性不足的问题仍然突出。

因此,寻求组织化参与路径,特别是建立常态化而非应急性 NGO 联合组织和长效联合机制,仍将是相当长时期内我国社会组织有序高效参与公共危机治理必须面对的课题。

第三节 社会组织参与公共危机治理:问题成因

针对当前我国社会组织参与危机治理中存在的问题,深入挖掘其背后的深层次原因,走出社会组织危机参与的困境便显得极为必要。简言之,社会组织能否有序高效参与公共危机治理,取决于以下几个层面:一是制度环境层面。即能否从法律层面切实保障社会组织参与的基本权利并提供切实可行的参与渠道。这实则关系让不让参与的问题。二是资源层面。即社会组织是否拥有参与所需的人力、物力、技术、信息等资源。三是能力层面。即社会组织是否具备参与所需的专业素质和技术能力。四是观念文化层面。即政府和社会公众对社会组织参与公共危机治理是否有正确的认识。从现实来看,当前我国社会组织危机参与中存在的诸多问题基本源于这四个方面的现实困境。这关系在实践中政府官员能否积极主动地支持、推进社会组织参与,社会公众是否信任支持社会组织参与,即是否存在一个允许、鼓励、支持参与的社会氛围。

---

[1] 中国(海南)改革发展研究院编.民间组织发展与建设和谐社会[M].北京:中国经济出版社,2005:160.
[2] 林闽钢,战建华.灾害救助中的 NGO 参与及其管理:以汶川地震和台湾 9·21 大地震为例[J].中国行政管理,2010(3):98-103.

一、社会组织参与公共危机治理的制度困境

"所谓制度,是指稳定的,受到尊重的和不断重现的行为模式。制度化是组织与程序获得价值和稳定性的过程。"① 在公共危机治理中,健全完善的制度体系不仅可以使社会组织的参与权利、参与方式、参与途径和参与保障等得到政治上的认同,还可以使社会组织有效参与危机治理所需资源得到制度上的确认。因此,具有高度复杂性、自治性、适应性和内聚力的制度体系是社会组织有序高效参与公共危机治理的基础性条件。进入新时代,党中央提出要"深入推进国家治理体系与治理能力现代化",明确了国家和社会治理顶层设计的新思路。在这一基本思路的指导下,我国社会组织参与公共危机治理的制度建设不断发展、制度体系初具规模。然而和不断增长的危机治理实践需求相比,制度供给的速度和质量仍然滞后。具体表现在以下方面:

(一)基本法律制度不完善导致对社会组织参与危机治理的基本权利保障不足

首先,我国宪法和基本法律法规中都有对公民基本权利和公民参与的原则性规定,但是一方面这些规定多是针对全体公民的原则性规定,而且比较分散,缺少统一的社会组织参与危机治理的专门法来赋予社会组织在公共危机治理中的权限和地位。另一方面,在明确公民在国家治理中的主体地位和参与权利时,更多地从公民义务的角度来表述。例如《中华人民共和国突发事件应对法》指出,"公民、法人和其他组织有义务参与突发事件应对工作"②,这种表述视角客观上淡化了社会组织作为公共危机治理主体的基本权利。

其次,法律位阶低在一定程度上削弱了对社会组织危机参与基本权利的保障。目前,我国对社会组织管理的法律依据主要源于《社会团体登记管理条例》《民办非企业单位登记管理暂行条例》和《基金会管理条例》三个条例,但从严格意义上说,它们并不是法律,只是国务院颁布的行政法规。已经列入民政部 2020 年立法工作计划的《社会组织登记管理条例》,虽然统一了对社会组织的登记管理,但仍然是"条例"形式,并未上升到法律层面,且何时能够出台还未可知。在社会组织参与公共危机治理方面同样存在法律位阶低的问题。《中华人民共和国突发事件应对法》是当前我国公共危机应对的专门法,

---

① [美]塞缪尔·亨廷顿.变化社会中的政治秩序[M].王冠华,等译.上海:三联书店,1989:11.
② 中华人民共和国突发事件应对法[EB/OL].中国政府网,2007-08-30.

但并非社会组织参与公共危机治理的专门法。在实践中，社会组织参与危机治理的相关规定多以"条例""意见"等政府法规的形式出现，例如《关于支持引导社会力量参与救灾工作的指导意见》（2015）等。

（二）具体制度不健全导致社会组织参与危机治理的渠道不畅通

如前所述，我国现行宪法和法律法规中虽然有社会力量参与公共危机治理的相关规定，为社会组织参与公共危机治理提供了一定的法律保障，但是多为宏观层面的原则性规定，普遍缺乏具体可操作的程序性规范，也没有形成社会组织危机参与的有效机制。例如，作为我国应对公共危机核心法律的《中华人民共和国突发事件应对法》（2007），虽然在一定程度上明确了社会组织在突发事件应对中的主体地位，但是当时为了这部法律能够尽早出台，很多内容都被精简，特别是社会组织危机参与的形式、内容、具体步骤等程序性规定严重缺乏。程序性规范的缺失使得现阶段我国社会组织在危机参与中缺乏有效的规制和引导，制度化参与渠道不畅，经常处于一种主观随意状态而浮于表层，导致参与无序和低效。

（三）配套制度供给不足导致对社会组织参与危机治理的支持和监管不力

社会组织危机参与的配套制度供给不足突出表现在以下三个方面：

首先，入口通道不畅。我国现行法规对社会组织的登记管理实行"双重管理"制度，即社会组织必须找到一个业务主管单位挂靠才能在民政部门登记，这种"双重管理"制度大大提高了社会组织登记门槛。找"婆家"（业务主管单位）的困难、准入成本的增加，使得大量社会组织无法登记或不愿登记，其结果就是把该挡的、不该挡的全都挡在了外面，人为造就了大批游离于法律监管之外的社会组织。曾有学者估测，我国社会组织中可能有将近九成处于"非法"状态。众多社会组织身份的合法性问题不仅限制了社会组织自身的发展，而且使得社会组织在危机参与中出现大量的非制度化参与行为。虽然2016年修订的《社会团体登记管理条例》降低了社团登记门槛，此后，北京、深圳等地相继开始了社会组织登记管理制度的探索，《慈善法》（2016）的问世也让我们看到了突破社会组织双重管理体制痼疾的希望，但是总体而言，情况并未得到明显改观，社会组织的登记管理制度的创新仍然任重而道远。

其次，政策扶持力度不足。纵向而观，目前我国社会组织虽然有了长足的发展，但是总体上仍未摆脱出数量少、规模小、资源缺乏、参与能力和水平不足的客观现实。因此，要实现社会组织有序高效参与危机治理，政府的扶持便显得极为必要。而从当前我国现实状况来看，由于种种因素，政府对社会组织，尤其是草根组织，在财政资助、税收减免、政府出资购买社会组织服务等配套制度的建设和扶持力度方面明显不足，极大地影响社会组织危机参与的效果。

最后，监管制度缺失。根据公共选择理论，"经济人"动机使得社会组织可能因为自身利益需求而背离公共危机治理的公共利益取向。"郭美美事件"、"尚德诈捐门"、汶川地震中的"天价帐篷"、新冠肺炎疫情初期公众对武汉红十字会防疫物资分配的质疑等等，已经让我们清楚地看到，公益性、非营利性的社会组织并不总是以公共利益为依归，加强对社会组织的监管势在必行。而从现实来看，类似事件的频频发生也正暴露出社会组织监管制度处于比较严重的缺失状态，对社会组织的监管还未引起我们足够重视。

（四）存在制度真空和制度盲点

随着新时代国家治理体系与治理能力现代化的深入推进，我国社会治理实践中涌现出众多的城乡社区社会组织，而网络化、信息化技术的飞速发展也催生了互联网虚拟社团等新事物。对于这些在社会治理实践中涌现出的新兴社会组织，如何对他们进行规范和引导，充分发挥他们在公共危机治理中的积极作用，我国现行的制度法规明显滞后，不能与时俱进，出现了制度真空和制度盲点。

二、社会组织参与公共危机治理的资源困境

参与是需要成本的，社会组织危机参与能力的增强、危机参与水平的提高需要相应的资源基础做后盾。当前我国社会组织参与公共危机治理存在着现实的资源困境，主要表现在如下方面：

（一）资金物力资源不足

资金是社会组织赖以生存和发展的血液，资金不足是目前我国社会组织在危机参与中普遍面临的问题。原因在于"除部分官方NGO与公募基金会之外的其他民间组织尚不具备接受社会募捐善款的法律资格，大量草根NGO的经费只能来源于个人捐赠、上游基金会或者国外的资助，政府的支持十分有限"[①]。

资金不足可能带来以下影响：一是影响参与的有效性。相当一部分社会组

---

① 金太军,张健荣.重大公共危机治理中的NGO参与及其演进研究[J].华中师范大学学报(人文社会科学版),2021,55(1):21-28.

织特别是草根 NGO 囿于资金困境运营困难、步履维艰，在危机参与中难以开展更加多样化、更深层次的服务。二是影响参与的持续性。资金短缺问题在危机参与的各阶段都不同程度存在，而在危机恢复和重建阶段则愈加凸显，大多数社会组织此时都面临着更大的挑战，撤退还是坚守？这是一个必须回答的现实问题。许多社会组织虽心有余但钱不足，最后不得不遗憾撤出灾区，参与的持续性难以为继。汶川地震后期，灾区社会组织数量急剧减少，出现了志愿"真空"，虽然有社会组织自身能力不足、政策所限等因素，但资金不足显然是重要原因。三是影响参与的专业性。社会组织危机参与中专业性的不足很大程度上源于高层次专业人才的不足，而资金显然是社会组织吸引和培训高层次专业人才不可或缺的要素。

（二）人力人才资源不足

社会组织的人力资源困境主要表现在两个方面：一是专职人员偏少。官方背景社会组织的工作人员主要来自政府机构的离退休人员，而一般的社会组织则少有固定的人才渠道，主要包括专职、兼职和志愿者三类工作人员，由于定员和编制极为有限，专职工作人员数量一般较少，相当多的组织雇用兼职人员，且为数不少的是离退休人员，在重大危机参与时主要依靠临时招募的志愿者开展活动。二是高层次专业化人才不足。对于多数社会组织而言，由于资金不足、社会保障政策不完善、社会认可度较低、缺乏职业发展的空间等因素，组织难以吸引、激励和留住高学历、高素质、专门化的优秀人才。社会组织专职人员偏少、高层次专业化人才不足的状况，一方面使社会组织难以对公众的现实生活产生积极影响，难以获得广泛、深层次的社会认同，另一方面也从内部限制了社会组织自身管理能力的提升，从而极大地影响其危机参与的能力和水平。

（三）信息资源不足

参与和信息密不可分，正所谓知情才能举事，拥有充足可靠的信息资源是社会组织有序高效参与危机治理的重要前提。公共危机的高度复杂性使得对危机情势的判断极为困难，如果不能拥有足够的准确信息，社会组织很难实施科学有序的参与行动。

社会组织在信息获取方面的困难主要表现在两个方面：一是社会组织自身获取信息的能力不足。社会组织自身源于人力缺乏、专业性不足等因素导致在信息的获取、分析和判断上能力不足。二是政府行为的影响。从理论上来说，公共政策的公共性决定了公共决策信息的共享性。但事实上，现代政府的科层制结构，使得位于金字塔顶端的政府在信息的占有上与社会公众相比处于绝对优势地位。尤其是在重大公共危机爆发时，政府相关部门基于相关保密要求或各种利益权衡，可能在一定程度上出现信息披露滞后、信息选择性公布等问题，如 SARS 危机初期就曾经出现有关部门对部分信息的封锁。缺乏充分、可靠的信息资源，可能导致以下结果：一是参与不足。部分社会组织由于信息资源匮乏只能积极关注，谨慎行动。二是参与无序。有的社会组织可能在信息严重不足的情况下勉力参与，但是难以展开有效行动。汶川地震初期救灾车辆堵住生命救援通道，救灾资源分配不均、重复浪费，救援者沦为次生灾民的混乱现象，无不彰显有序参与的重要性。三是沟通不畅。信息孤岛和信息错位现象可能使社会组织和政府、社会公众以及其他社会组织在危机中各自为政，难以实现高效沟通和协调，从而极大制约协同参与的效果。

三、社会组织参与公共危机治理的能力困境

对我国社会组织而言，无论哪种类型，官方背景、草根出身、抑或其他，加强自身能力建设都是其无法回避的问题。当前我国社会组织公共危机治理能力应然与实然的脱节主要表现在以下方面：

（一）组织管理能力较低

近年来我国社会组织虽然有了较大的发展，但是总体而言，由于起步晚、基础薄弱，社会组织自身组织管理能力和水平仍有极大的提升空间。例如：有的社会组织内部管理不规范。部门设置、组织功能、权利义务等制度不健全，组织内部的决策机构和民主决策机制不完善或形同虚设；有的社会组织只关注组织的短期发展，而对组织未来的发展与方向却缺乏长远的战略规划；有的社会组织缺乏有效的内部自律与接受外部监督的强烈意识而带来诸多问题，严重损害了组织的社会公信力。新冠肺炎疫情初始，以武汉红十字会为代表的部分社会组织就曾因为举措失当、大量急需的资源难以对接，甚至出现违规操作、抗疫物资被用于非法牟利的现象而广受诟病，暴露出了组织管理等方面的严重问题。

组织管理能力和水平的不足，很大程度上源于组织缺乏明确的理念、使命感不强这一深层次原因。因为对于"自愿性为公"的社会组织而言，明确的组织理念、强烈的使命感是其赖以生存的灵魂，尤其是在具有巨大社会危害性的

公共危机面前，它更是组织履行社会责任的强大内驱力。如果组织缺乏明确的理念、强烈的使命和责任感，就会"使得它们难有拔地而起的能动性、创新性和艰苦创业的自觉性，并从而带来被动、盲目、短视、缺乏坚韧不拔的精神和动力，使组织发展难有后劲"①，也会限制组织管理能力和水平的提升。在对组织管理能力和水平要求更高的危机应对中，这种不足所带来的负面影响会进一步凸显，甚至出现"志愿失灵"，社会组织在危机治理中自然难有大的建树。

（二）专业技术能力不足

公共危机的特殊性使得公共危机治理和一般的公共治理相比，对参与主体的专业技术能力要求更高。在危机潜伏期，如何运用专业知识和技术识别危机，进行预警；当危机发生时，如何获取充分可靠的信息、制定科学的行动策略，如何识别需求、设计并顺畅运行项目，如何对灾情进行科学评估、实现精准救援；危机结束后，如何进行有效的心理援助、进行后期跟踪。所有这些，无不对社会组织的专业技术能力提出了更高的要求，而现实状况却并不尽如人意。

如前所述，目前我国社会组织的工作人员或来源于政府机构的离退休人员，或是身兼数职的兼职人员，许多人并不具备危机参与所需的专业知识和技能。特别是有些新创办的社会组织，从领导人到从业人员，基本上没有接受过社会组织管理知识的学习和危机参与专业技能的培训②。而那些在危机发生后临时招募的志愿者，相当部分也因为日常培训不足而缺乏专业的救灾知识和技能，能够发挥作用极其有限，难以满足危机参与的需求。事实上，新冠肺炎疫情初期就出现了因为缺乏相关的专业知识，社会组织募集的大量医疗和防护物资不符合医院需求的情况，造成大量人力、物力浪费。

特别值得关注的是，在新冠肺炎疫情防控期间，由于病毒超强的传染性，许多公众包括社会组织的工作人员都曾长时间居家隔离，因此很多工作只能在线上开展，这对社会组织学习和开发新的信息技术工具能力提出了新要求。而我们确实也看到了社会组织使用信息技术工具能力的参差不齐，亟须提高。因此，加强对互联网信息技术新工具的学习和开发、不断实现危机参与专业技术能力的与时俱进，是这次新冠肺炎疫情给社会组织提出的新课题。

---

① 范丽珠主编.全球化下的社会变迁与非政府组织（NGO）[M].上海：上海人民出版社,2003：277.
② 徐本亮.德鲁克可以成为中国社会组织发展的指路明灯[EB/OL].龙源期刊网,2018-08-04.

（三）危机参与实践能力缺乏

社会组织危机参与的知识、技能唯有通过不断的实践，才能转化为实际参与能力。无论是成功的经验，还是失败的教训，对社会组织的成长而言都是宝贵财富。从 SARS 危机到 COVID-19 疫情，我国社会组织开始了危机参与的实践探索，但是总体而言，参与的广度、程度、领域、渠道和组织化程度等都需不断扩大、深化或加强。因此，亟须加强对社会组织危机参与实践的支持、鼓励和引导，不断通过危机参与的实践磨砺，切实增强社会组织危机参与的能力，提高社会组织危机参与的水平。

四、社会组织参与公共危机治理的观念文化困境

民主的深层内涵是一种深深根植于人们内心深处的文化、价值观和行为规范。如果没有更坚实、更持久的观念文化的深层驱动，制度性民主可能由于缺乏内在根基而趋于表层化、形式化，深层次的实质性参与便很难实现。当前我国社会组织危机参与中存在的诸多问题固然与参与的制度、资源、能力等因素密切相关，然而缺乏有利于社会组织危机参与的观念文化基础与土壤才是更深层次的原因，突出表现在以下两个方面：

（一）政府官员对社会组织参与公共危机治理存在认识误区

首先，对社会组织在公共危机治理中的主体地位认识不足。虽然社会力量参与危机治理的价值已经得到越来越多的关注和认同，但是传统的自上而下的精英决策模式和思维在当今中国仍然不同程度存在，而且越是基层就越明显。这使得部分政府官员，特别是一些地方政府官员从内心并不认同社会组织参与公共危机治理的正当性和必要性，在主观上漠视社会组织在危机治理中的主体地位。主观上的不认同，再加上法律程序的缺失，在实践中就可能出现有意无意地忽视，甚至排斥限制社会组织参与的情况，当然更谈不上为社会组织参与积极创造有利条件了，这也是社会组织难以深度参与危机治理，参与表层化、形式化的重要原因。在新冠肺炎疫情中，一些地方政府对中央的政策和精神贯彻不力，武汉市政府在疫情初期出现了应对失措、顾此失彼的现象，这些现象背后无不反映出部分政府官员对社会力量在危机治理中的主体地位认识不足。

其次，对社会组织参与公共危机治理的价值功能认识不足。有些政府官员虽然能够认识到社会组织在危机治理中的主体地位，但是对社会组织在危机治理中能否真正发挥作用持怀疑态度，过分关注其潜在的负面影响，认为社会组

织参与不仅难以提供助力，反而可能影响危机治理效率，增加危机治理成本，出现非理性参与甚至影响社会稳定。他们没有意识到这些潜在的负面影响并不必然发生，更没有认识到即便发生也不是排斥社会组织参与的理由，而应将其看作亟待克服的困难，是制定更为有效的社会组织危机参与策略而必需的经验积累。

最后，对社会组织参与公共危机治理的潜在缺陷认识不足。与前述相反，也有部分政府官员盲目强调社会组织危机参与的价值功能，忽视了其潜在的缺陷。毫无疑问，社会组织参与公共危机治理具有重要的价值功能，但是正如政府和市场会失效，志愿也会失灵一样，并非所有的参与行为必然带来积极的影响。对社会组织参与行为过于理想化的认识，使他们在引导推动社会组织参与公共危机治理的过程中缺乏应有的心理上的防范及制度上的规范和弥补，从而影响社会组织参与的制度化程度和参与的效果。

这些认识上的误区必然反映在具体行为上，于是我们看到在危机参与实践中，部分政府官员或是因为对社会组织主体地位认识不足而排斥其参与，或是因为过分关注其潜在缺陷而限制其参与，还有因为将社会组织参与过于理想化而盲目推进参与。其实社会组织参与本是一把双刃剑，全看我们如何理性驾驭。

（二）社会组织与其他参与主体之间互信资本缺失

协同学理论告诉我们，公共危机治理是一个复杂的系统，社会组织仅凭自身的力量难以实现危机参与的有序与高效，唯有加强与政府、公众及其他社会组织等子系统的协调与合作，方能实现力量的整合与增值，达到"1＋1＞2"的最大效益。如何才能实现各参与主体之间的有效合作？社会资本理论启示我们，信任是基础和前提，信任作为伦理道德的核心要件，是社会资本必不可少的组成部分。在我国危机治理实践中，社会组织与其他参与主体间互信资本缺失主要体现在以下三个维度：

首先，政府对社会组织信任不够。在公共危机治理中，不少政府官员对待社会组织的心态极为复杂，他们既希望社会组织在危机治理中能够发挥积极作用，弥补政府治理的空白和不足，同时又对社会组织抱有强烈的警觉和担忧，担心体制外力量发展异化，会对政府权威形成挑战，尤其在基层，这种心态更加明显。这种不信任和矛盾的心态使得一些地方政府在危机治理中可能有意无意地排斥社会组织参与，即便允许参与，也是设置诸多限制的选择性支持，使社会组织难以施展身手。例如，汶川地震中一些地方就曾出现拒绝社会组织和志愿者参与的情况，还有的地方到后期恢复重建阶段就开始劝退社会组织和志愿者。如此，既影响社会组织参与的广度，也制约其参与的深度，最终影响的是社会组织危机参与的效果。

其次，公众对社会组织信任不足。公众对社会组织的信任不足主要源于以下方面：一是在"重政府轻民间"的传统政治文化的影响下，广大民众形成了有事找政府的"等、靠、要"思维定式，缺乏有序应对公共危机的意识和自救、他救的能力，对社会组织参与公共危机治理缺乏认同和信任感。二是我国社会组织自身发展不成熟，在专业性、自律性、组织凝聚力以及公信力等方面均有待提高，难以赢得公众的信任。例如，在新冠疫情防控中，"公众对两地红十字会在防疫物资分配主体、分配方向、分配效率上的种种质疑转化成了对整个红十字会体系的严重不信任"①。三是公众的公共理性、志愿精神、慈善意识不足，民众自治观念薄弱、自组织能力不强等因素，也影响着公众对社会组织的主体认同。此外，我国党和政府在危机应对实践中展现出来的强大组织领导能力和不忘初心、人民至上的高度责任感，更加强化了公众"大灾面前靠政府"的强烈信念。新冠疫情期间，哈佛大学开展了面向中国公众的民意调查，结果显示中国民众对政府的信任度高达95%以上。在西方国家政府拙劣应对的映照下，中国政府的出色表现得到了全国人民的拥护和赞誉。我们在为拥有一个强大和高度负责任的政府而自豪的同时，也不得不无奈地承认，客观上，这种情形确实在一定程度上弱化了公众对社会组织的关注、理解和认同。

最后，社会组织之间互信程度低。社会组织间对各自发展的"软档"了解较多，成为相互之间轻视或者不信任的事实基础。同时，在公共危机治理过程中，社会组织不同的产生渠道、不同的组织动机等都决定了各自在参与公共危机治理过程中的价值追求差异。这就使得社会组织在危机参与过程中因为各自利益诉求出现相互竞争或利益冲突，从而导致协调不足，合作困难，参与碎片化。

---

① 张丽,李秀峰.新冠肺炎疫情下红十字会的信用危机及公信力重塑：基于SCCT理论的分析[J].云南行政学院学报,2020,22(5)：126-133.

第四章

社会组织参与公共危机治理的国际比较

公共危机在世界范围内常态化、多元化与高度复杂化的发展趋势，使得人类社会越来越成为一个紧密相连、存亡攸关的命运共同体。肆虐全球的新冠肺炎疫情再一次让全世界警醒，在突如其来的巨大危机面前，谁也无法独善其身。公共危机的有效应对需要整个世界相互合作、共享经验和彼此支持。国外公共危机治理的理论研究和实践探索方面起步较早，尤其是在社会组织参与公共危机治理方面，已经形成了颇具代表性的治理模式。本章以社会组织参与公共危机治理较具代表性的美国、英国和日本为例，通过对典型案例的分析，总结相对成熟的做法和经验，理性审视其存在问题和不足，以有效取长避短，为我国社会组织有序、高效参与公共危机治理提供参考。

第一节　美国 NGO 参与公共危机治理：以"9·11"恐怖袭击、卡特里娜飓风灾害以及哈维、艾尔玛飓风灾害为例[①]

美国是一个危机频繁发生的国家，新世纪以来，不仅遭遇了震惊世界的"9·11"恐怖袭击，还遭遇了堪称史诗级的卡特里娜飓风和哈维、艾尔玛飓风灾害，更有诸如洪水、龙卷风、雪灾、山林火灾等为代表的灾害性危机。在历次危机应对中，美国红十字会、全国灾难志愿者组织、救世军等 NGO 是美国

---

① 金华.我国公共危机治理的挑战与回应：社会组织参与的视角[J].甘肃社会科学,2019(4):169-175.

公共危机治理的主要参与者。与美国各级政府在危机应对中的行动迟缓、应对失灵相比，NGO 的表现却值得关注。本书以 21 世纪以来美国 NGO 参与公共危机治理最具代表性的"9·11"恐怖袭击、卡特里娜飓风灾害和哈维、艾尔玛飓风灾害为例展开分析与思考。

一、案例呈现：巨灾中的美国 NGO

从"9·11"恐怖袭击到卡特里娜飓风灾害，再到哈维、艾尔玛飓风灾害，在历次危机中，以美国红十字会为代表的 NGO 和众多志愿者积极参与危机救援，体现出以下鲜明特点：

（一）参与数量多、服务量大

在"9·11"恐怖袭击，卡特里娜、哈维和艾尔玛飓风灾害中，大批 NGO 参与救援行列。据美国联邦应急管理局的资料显示，在卡特里娜飓风灾害中受灾较为严重的路易斯安那州，至少有 765 家 NGO 参与了灾害救援，而密西西比州的联邦应急管理局官员估计，该州有 500 家左右的 NGO 参与救灾[①]。危机发生后，美国 NGO 提供的服务涉及善款募集、志愿者征集和培训、心理治疗、灾后重建等诸多领域，服务量大，极大地减轻了政府的压力。仅以避难所为例，"9·11 事件"中，美国红十字会在纽约等地共设立了 29 个避难所安置受灾民众。卡特里娜飓风灾害中，几乎所有的避难所都是由 NGO 和志愿者运营管理的。美国红十字会在 27 个州和哥伦比亚特区的近 1 100 个避难所为灾民服务，提供了 342 万个住宿点[②]；在受灾严重的路易斯安那州，飓风灾害发生后的 6 个星期内，NGO 共设立运作了 240 个避难所，接收灾民 26 138 名[③]。哈维飓风灾害中，美国红十字会在德州各地的避难所接纳了 4 万多灾民。

（二）反应迅速、社会动员能力强

美国 NGO 在危机发生后立即行动起来，第一时间协助政府展开一系列救援活动，展示了迅速、强大的社会动员能力，主要体现在：第一，善款募集。

---

① Tony P. Weathering the Storm: The Role of Local Nonprofits in the Hurricane Katrina Relief Effort [R]. The Aspen Institute, 2006: 17.
② Grassroots/Low-income/People of Color-led Hurricane Katrina Relief. HTTP://Katrina.may-first.org/.
③ Tony P. Weathering the Storm: The Role of Local Nonprofits in the Hurricane Katrina Relief Effort [R]. The Aspen Institute, 2006: 14.

"9·11事件"中,美国社会筹集的 15 亿美元善款中有 57% 的捐款是由不同的基金组织筹集的①;卡特里娜飓风灾害中,美国红十字会、救世军、天主教慈善会、联合会等 NGO 更是募集了 42 亿美元的巨额资金②;哈维飓风灾害中,仅美国红十字会就募集了超过 3 亿美元的善款。第二,筹措救援物资。"9·11"恐怖袭击后,美国红十字会筹集了大量救灾物资,在 22 个州的机场随时待命运往灾区。卡特里娜、哈维、艾尔玛飓风灾害中,NGO 筹集了大量的食品、药品、衣物等基本生活用品用于救济灾民。第三,动员、培训志愿者。"9·11事件"中,红十字会等 NGO 动员大批志愿者参与救援。卡特里娜飓风灾害中,美国红十字会动员了数千名志愿者,前往各个避难所为灾民服务。救世军动员了 200 名干事、工作人员和志愿者来运作流动厨房为灾民服务。位于洛杉矶的天佑屋组织在当地发起了家庭倡导项目,从社区中培训志愿者为受灾家庭提供一对一的服务③。

2006 年初美国国会公布的卡特里娜飓风调查报告对 NGO 的表现给出了这样的评价:"红十字会和其他数量众多的慈善组织的表现是令人敬佩和非常英勇的,它们以令人吃惊的速度照顾了尽可能多的灾民。"④白宫发表的调查报告也认为 NGO 在飓风灾害救援中反应迅速,表现出色,发挥了举足轻重的作用⑤。

(三) 注重合作和协同行动

美国 NGO 在参与公共危机应对中特别注重多方合作。一是与政府合作。美国红十字会的一项重要职责就是负责避难所的日常运作,而有些避难所是由地方政府和州政府临时建立的,此时,红十字会就会进入并提供相关服务。二是与企业合作。哈维飓风灾害中,美国红十字会与星巴克、微软、亚马逊和全食、西联汇款、苹果公司等企业合作,开辟多种捐赠渠道。三是 NGO 之间的

---

① 童星,张海波.灾害与公共管理[M].江苏:南京大学出版社,2010:247.
② Diamant J. "Of the private donations, half went to Red Cross". Star-Ledger, 2006-08-29, HTTP://www.charity navigator.org/index.cam/bay/content.view/Cupid/486.html.
③ Tony P. Weathering the Storm: The Role of Local Nonprofits in the Hurricane Katrina Relief Effort [R]. The Aspen Institute, 2006: 9.
④ United States Congress House. Select Bipartisan Committee to Investigate the Preparation for and Response to Hurricane Katrina [R]. A failure of initiative: final report of the Select Bipartisan Committee to Investigate the Preparation for and Response to Hurricane Katrina. Washington: U.S.G. P.O., 2006, 354. http://purl.access.gpo.gov/GPO/LPS68393.
⑤ The Federal Response to Hurricane Katrina: Lessons Learned[EB/OL]. 2006-02-21. http://www.gatehouse.gov/reports/Katrina-lessons-learned/.

互动与合作。卡特里娜飓风灾害中，在受灾严重的路易斯安那州，当红十字会建立的避难所无法满足灾民所需时，当地的 NGO 积极参与建立临时避难所，和红十字会一起为灾民提供服务。当红十字会自己建立的避难所由于人手不足或物资缺乏运营困难时，地方 NGO 的志愿者也及时提供了重要帮助。洛杉矶附近一家地方 NGO——世纪通讯中心在红十字会未抵达之前，在灾区建立了一个独立的避难所接受灾民，直到红十字会到达灾区提供支援才撤出①。救世军在圣地亚哥地区与当地红十字会携手合作，建立避难所，服务当地灾民；与美国卫理公会救济委员会合作，在密西西比地区开展长期的地区恢复项目②。

（四）服务的异质性显著

优势互补、服务的异质性显著，这在美国 NGO 参与危机救援中体现得尤为明显。一是在危机应对中，美国 NGO 注重与政府之间的优势互补，服务的重心更多地聚焦于如善款募集、灾民安置、心理援助以及特殊群体服务等领域。二是注重 NGO 之间的优势互补。美国红十字会主要在避难所的建立和运营、善款募集，以及志愿者征集和派遣等方面发挥重要作用；全国灾难志愿者组织主要通过共享信息和资源协调其他救灾组织的救援计划，尽量避免救灾资源的重复③；救世军在危机应对中尤其注重为失散人口家庭提供帮助，为此特别成立家庭追踪服务；天佑屋为无家可归者提供长期稳定住所；美国联合会在卡特里娜飓风灾害救援中，主要帮助在灾害中遭受重创的墨西哥湾沿岸地区的 NGO 进行恢复服务能力的建设④；加州救难犬协会在重大危机，尤其是重大自然灾害中为灾区居民提供受过高度良好训练的救难犬小组，以从事失踪人口的搜寻任务⑤。此外，还有其他一些颇具特色的 NGO，如 Baptist Kitchens（提供食物）、Mennonites（提供住房重建）、Catholic Charities and Habitat for Humanity（提供新的住房）等⑥。这些各具特色的 NGO 在危机应对中，充分

---

① United States Congress House. Select Bipartisan Committee to Investigate the Preparation for and Response to Hurricane Katrina[R]. A failure of initiative: final report of the Select Bipartisan Committee to Investigate the Preparation for and Response to Hurricane Katrina. Washington: U.S.G. P.O., 2006, 350. http://purl.access.gpo.gov/GPO/LPS68393.
② The Salvation Army. When the Winds Dies Down[R]. 2006-01-01.
③ 美国国家应急反应框架[M].苗崇刚,等编译.北京：地震出版社,2011：17.
④ 邓国胜,等.响应汶川：中国救灾机制分析[M].北京：北京大学出版社,2009：202,250.
⑤ 王名主编.中国非营利评论(第三卷)[M].北京：社会科学文献出版社,2008：228.
⑥ United States Congress House. Select Bipartisan Committee to Investigate the Preparation for and Response to Hurricane Katrina[R]. A Failure of Initiative: 350.

发挥各自所长，优势互补，有效地避免了救灾资源无谓的重复浪费，极大提升了 NGO 参与公共危机治理的效果。

二、美国"FEMA 型"危机治理体系和能力建设

（一）美国 NGO 参与危机治理的法律体系

作为一个危机频繁发生的国家，早在 1950 年，美国就制定了第一部针对公共危机治理的《斯坦福法》，之后陆续又制定了百余部相应的法律法规，如今已经形成以《斯坦福法》（1950）、《全国紧急状态法》（1976）、《反恐怖主义法》（1996）以及《国土安全法》（2002）等为核心的比较完善的公共危机治理法律体系。这些法律法规统筹兼顾、相互补充，对 NGO 在危机治理中的权责等进行了具体而明确的规定，为美国 NGO 参与公共危机治理提供了重要的法律保障，具体涵盖三个层面。

第一，明确 NGO 参与危机治理的权责。美国红十字会是在 1905 年由国会特许的协助为民众因灾难的需要而产生的，该任务在《斯坦福法》中再次被确认。《斯坦福法》明确规定了美国红十字会在危机应对中的法律责任，红十字会被纳入跨机构特别工作组，在提供救济和救助时，总统有权使用美国红十字会等组织的人员或设施[①]。这样不仅使红十字会责任明确，也促使其必须在危机治理中发挥作用。《国土安全法》中也明确指出：NGO 应协助政府部门帮助直接受恐怖袭击的受害者和他们的家庭，以及间接受恐怖袭击影响的公众[②]。

第二，明晰 NGO 参与的制度化路径。《斯坦福法》指出美国红十字会以及其他 NGO 组织可以通过与政府签订协议的方式参与危机应对[③]。《美国加利福尼亚州应急服务法》第十一章专章规定：需制订在全州实施的自然灾害救援志愿军计划，必须对志愿者资源的确认、志愿者资源的协调与应急管理、利用志愿者资源的灾前协议、沟通需求响应等诸项事宜进行计划与规范[④]。

第三，明确对 NGO 参与的保障和支持。《斯坦福法》规定：在危机发生

---

① 万鹏飞.美国、加拿大和英国突发事件应急管理法选编[M].北京：北京大学出版社,2006：9-12.
② Homeland Security Act of 2002. PUBLIC LAW 107-296 — NOV. 25，2002 116 STAT. 2135. 参见美国国土安全部网站,https://www.dhs.gov/sites/default/files/publications/hr_5005_enr.pdf.
③ 万鹏飞.美国、加拿大和英国突发事件应急管理法选编[M].北京：北京大学出版社,2006：12.
④ 万鹏飞.美国、加拿大和英国突发事件应急管理法选编[M].北京：北京大学出版社,2006：58,83-84.

时，联邦应急管理局应该向参与救援的地方 NGO 进行补偿①。加利福尼亚州的《应急服务法》中还规定，对参与危机服务的志愿人员依据《劳动法》给予报酬，并给予责任豁免②。纽约州还为志愿消防员制定了专门的抚恤法，对志愿消防员在危机救援中死亡或受伤的给予经济及其他利益的补偿。

（二）美国 NGO 参与危机治理的机制建设

第一，综合性的危机治理组织体系。美国危机治理组织体系由分散到统一，经历了不断强化的过程，最终以"9·11"恐怖袭击事件为契机完成了全方位的整合。如今已形成总统领导下、由美国国土安全部（DHS）为核心的危机治理组织体系。2002 年成立的 DHS 是美国总统领导下的应对自然灾害等重大危机事件的核心部门。而此前直接向总统报告、专门负责重特大危机应对的独立机构 FEMA（美国联邦应急管理局）则于 2003 年并入 DHS。该体系秉持"由下而上"的基本精神和法治原则，实行联邦政府、州政府和地方政府三级反应机制。当灾难发生时，地方先行响应，如若地方不足以应对，则向州政府请求支援。"一旦事故灾害超出州的控制范围，将按照联邦与州之间的'合作协议'、《州际应急管理互助协议》（EMAC）启动跨州区域互助组织及机制。"③ 而当重大危机到来时，总统批准联邦救助，启动 FEMA 进行指挥并协调并筹划整个应急过程。而无论是在地方层面、州政府层面还是国家层面，NGO 均作为危机应对的重要力量被吸纳进美国危机治理组织体系中，美国红十字会更是作为"联邦机构"被纳入国家层面的组织体系（见图 4-1）。

第二，多机构参与的危机治理合作框架。2004 年 3 月，DHS 发布了一个全国性的应对突发事件的统一模板 NIMS——国家突发事件管理系统，该系统搭建了一个危机治理中政府、私营机构和 NGO 的合作框架，使得政府、私营机构和 NGO 能够高效有序、协同一致地开展突发事件的准备、预防、应急反应、恢复和减灾工作，其核心是突发事件指挥系统和多机构协调系统④。其中多机构协调系统的主要功能是协调应急反应现场以外的活动，并对突发事件关

---

① Ann Angel Heart. Reimbursement of Local Private Nonprofit Organizations Under the Stafford Act[J]. 2006,1(4)：1-2.
② 万鹏飞.美国、加拿大和英国突发事件应急管理法选编[M].北京：北京大学出版社,2006：66,102-103.
③ 黄杨森,王义保.发达国家应急管理体系和能力建设：模式、特征与有益经验[J].宁夏社会科学,2020(2)：90-96.
④ 美国国家应急反应框架资源中心.http://www.fema.gov/nrf. Last Updated：06/28/2016-14：54.

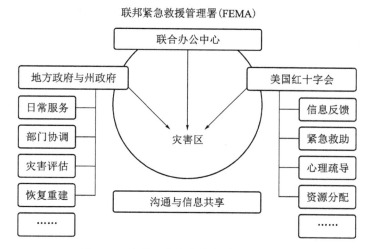

图 4-1　美国红十字会参与减灾救灾体系

资料来源：臧雷振，黄建军．减灾救灾社会参与机制的国际比较及启示[J]．中国应急管理，2011(10)：26-31．

键需求或竞争性资源进行优化，从而为参与危机治理的各部门提供协调①。而隶属于 DHS 的 FEMA 作为美国危机治理体系中核心综合协调机构，在多机构互动合作，尤其是 NGO 与政府合作中发挥着至关重要的作用。

第三，可操作的危机治理行动指南。美国国家应急反应框架（NRF）是美国公共危机治理的行动指南，该框架是由 1992 年的美国联邦应急反应计划发展而来，于 2008 年 1 月由美国国土安全部颁布。NRF 涉及面广、内容丰富、操作性强，是美国政府执行部门、私营机构、NGO 和危机治理从业人员等应对突发事件的行动指南，框架对 NGO 参与危机治理的各个环节做出了比较详尽的规定。一是明确了 NGO 在危机应对中的角色：在危机应对中，NGO 和志愿者组织是应对突发事件至关重要的合作伙伴，扮演着重要角色，承担着重要职责，提供必不可少的服务，发挥着重要作用②。二是强化 NGO 在危机应对中的责任。NGO 在危机来临时应在地方、州和联邦等各个层面积极协助、推动和支持政府工作，为灾民提供必要的支持服务。该框架将美国红十字会和全国灾难志愿者组织正式指定为支持国家应急反应的组成部分。此外，对

---

① 邓国胜，等．响应汶川：中国救灾机制分析[M]．北京：北京大学出版社，2009：139．
② 参见美国国土安全部网站：National Response Framework Second Edition May 2013：7-8．https://training.fema.gov/hiedu/highref/national%20response%20framework-second%20ed-may%202013-natresp.pdf．

NGO 参与危机应对的渠道方式、政府如何对 NGO 提供支持和帮助、NGO 与政府等其他部门如何协同配合，以及志愿者的管理等问题均作了具体而详尽的说明和规定①。

（三）美国 NGO 参与危机治理的合作网络建设

第一，NGO 与政府合作网络。美国联邦、州和地方各级政府的危机治理机构均设有和 NGO 等民间组织的沟通协调与合作渠道。FEMA 作为美国联邦政府危机治理的核心协调决策机构，在联邦层面设有危机应对中心，在州和地方层面也设置各级反应协调中心。当危机来临时，FEMA 不仅要协调联邦各机构的行动，在协调社会组织的行动方面发挥着更加重要的作用。

美国红十字会和全国灾难志愿者组织（NVOAD）和 FEMA 的联系最为紧密。红十字会在 FEMA 以及 FEMA 下属的各级反应协调中心都派驻专门负责协调与沟通的工作人员。NVOAD 在 1997 年和 FEMA 签署了正式合作的备忘录。FEMA 对 NVOAD 提供全方位支持：包括促进大众对于 NVOAD 的认知与了解，承认 NVOAD 在 FEMA 官方文件与宣传中的地位，促成地方应急管理中心与本地 VOAD 的合作，促使 NVOAD 成员成为救灾联合信息中心的一员；通过 FEMA 与 LEMA 的现有培训课程对 NVOAD 及 VOAD 进行组织人员的培训；帮助 NVOAD 会员组织做好应急准备工作如确认资源体系与演习；协助促进 NVOAD 会员组织了解救灾反应和恢复阶段暂时使用联邦应急管理局设备和物资；协助 NVOAD 会员组织加强与企业间的救援伙伴关系；推动政府与 NVOAD 的共同应急管理项目等。而 NVOAD 也要积极推动组织成员与 FEMA 经常性的共享应急信息、经验与培训课程；促进 FEMA 与政府、企业、各州及 VOAD 的合作关系；推动共同应急管理项目的实施；推动灾前与灾后的组织外展、教育及本地社区参与以消减灾害风险；在巨灾事件中，帮助 FEMA 做好应灾志愿组织协调工作②。其他 NGO 和各级政府救援机构之间也有直接沟通与联络的渠道，但更多时候，他们往往通过美国红十字会或全国灾难志愿者组织与 FEMA 等各级政府救援机构之间进行沟通协调与合作。

---

① 参见美国国土安全部网站：National Response Framework Second Edition May 2013：7-8. https://training. fema. gov/hiedu/highref/national% 20response% 20framework-second% 20ed-may% 202013-natresp. pdf.
② Memorandum of Understanding Between National Voluntary Organizations Active in Disaster and The Federal Emergency Management Agency，http://threshingfloor-radio. com/wp-content/uploads/archives/Pastors-FEMA /NVOAD-FEMA-MOU%20Documents. pdf.

第二，NGO之间的合作网络。美国红十字会和全国灾难志愿者组织（NVOAD）在NGO之间的合作中同样扮演着重要角色。美国国家应急反应框架虽然明确指出美国红十字会不指挥其他的NGO，但在政府整合全国NGO提供危机救援服务中要起带头作用①。NVOAD本身并不是一个直接提供危机救援服务的组织，而是全国主要救灾NGO联盟，是帮助其成员组织在危机救援中加强沟通和协调的专门的组织化平台和领导机构。在卡特里娜飓风灾害中，NVOAD组织的电话会议，不仅是NGO与FEMA等相关政府救援部门的沟通渠道，同时也是NGO之间进行信息交流、解决有关服务供给、救援需求等方面问题的重要平台。高峰时期，同时参加电话会议的NGO一度超过40个②。NVOAD非常注重其组织成员和志愿者的管理，对于志愿者参与救灾行动有一套管理流程（见图4-2），它可以帮助灾时不确定性环境下的志愿者参与提供工作指导。

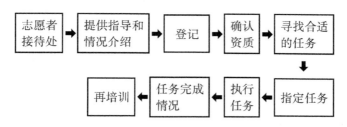

图4-2　美国救灾志愿者联盟志愿者管理流程

资料来源：G Haddow, J Bullock, D Coppola. Introduction to Emergency Management[M]. Oxford: Elsevier Science, 2008: 169-170.

在美国公共危机治理体系和能力建设中，社会力量尤其是NGO与政府危机治理体系有着较好的嵌入性。以美国红十字会、全国灾难志愿者组织为代表的社会力量在危机治理中扮演着重要角色，NGO已经成为美国国家危机治理体系中不可或缺的重要主体。FEMA作为美国联邦政府危机治理的核心协调决策机构，在协调社会组织与联邦、州和各级地方政府的行动方面发挥着举足轻重的作用。

---

① 美国国土安全部网站：National Response Framework Second Edition May 2013: 9. https://training.fema.gov/hiedu/highref/national%20response%20framework-second%20ed-may%202013-natresp.pdf.
② United States Congress House. Select Bipartisan Committee to Investigate the Preparation for and Response to Hurricane Katrina[R]. A failure of initiative: final report of the Select Bipartisan Committee to Investigate the Preparation and Response to Hurricane Katrina. Washington: U.S.G.P.O., 2006: 353-354. http://purl.access.gpo.gov/GPO/LPS68393.

第二节 英国 NPO 参与公共危机治理：以伦敦地铁爆炸案和新冠肺炎疫情为例

在英国历史的发展过程中，慈善无处不在。英国 NPO 的传统主要源于志愿互助和民间慈善，通常被称为志愿部门。英国众多的 NPO 和大量的志愿人员参与各种志愿活动的热情和悠久传统超过了世界上任何其他国家，在公共危机治理中，英国的 NPO 也别具特色，发挥着重要作用[1]。本章以伦敦地铁爆炸案和新冠肺炎疫情中英国 NPO 参与危机应对行动为例展开分析和思考。

一、案例呈现：公共危机应对中的英国 NPO[2]

对许多大城市来说，地铁公共安全问题一直是城市危机治理面临的重大难题。迄今为止，世界各国仍未找到防范地铁危机的有效路径。伦敦地铁爆炸案以其典型性、示范性以及沾有的恐怖主义色彩而成为世界瞩目的焦点，也成为英国 NPO 危机参与实践的典型案例。伦敦地铁爆炸案发生后，英国 NPO 立即行动起来，英国红十字会在全城范围内调集急救车辆、派遣专业的急救志愿者，从地铁站和汽车站疏散人员，将在爆炸中受伤的民众送往医院救治，并开设国际追踪和信息服务。每个需要救助的地点都活跃着众多训练有素的红十字志愿者和青年志愿者的身影。为了向受灾家庭提供资金援助，伦敦市市长和英国红十字会合作，设立了"伦敦爆炸救济基金"[3]。而伦敦当地的 NPO 因接近事发地点，自发开展了对民众的救济工作，包括维护秩序，情感关怀，提供物资、人员和技术等服务。社区安全基金〔Community Safety Fund（CSF）〕参

---

[1] 英国志愿组织在不同的历史时期和不同的语境下常使用不同的称谓，官方和大众媒体使用最多的是慈善组织，其次是志愿组织、社区组织、非营利组织（NPO）和第三部门等，而非政府组织（NPO）一词则较少使用。本节对这些概念不作特殊区分，一般使用非营利组织一词作为统称。当然依据行文的具体语境，慈善组织、志愿组织、第三部门等称谓亦同或使用。
[2] 资料来源：Mayoral statement on July 7 attacks. 英国伦敦市政府网，https://www.london.gov.uk/press-releases/mayoral/mayoral-statement-on-july-7-attacks，2020-07-07. 综述：伦敦 7-21 四起连环爆炸全程回放[EB/OL]. 搜狐网，2005-07-21.
[3] 陶希东. 国外特大城市处置紧急事件的经验、教训与启示[J]. 理论与改革，2009(2)：37-40.

与伦敦社区安全行动、防止地铁爆炸事件危及周边社区秩序。家庭援助中心全天候运行，为受灾家庭提供衣物、饮食等帮助，并设立临时的安抚中心，让那些在爆炸事件中受到惊吓，或是由于交通中断而无法回家的民众可以在这里获得一定的慰藉。在事故发生的一个地铁站附近，有一家慈善机构向公众敞开大门，为他们提供免费的茶水、咖啡等，电话供公众免费使用，收音机也一直开着，让公众及时了解相关信息①。英国皇家志愿服务、救世军等志愿组织则向在爆炸案中受到心理创伤的民众及其家人提供心理援助。在这次危机中，以英国红十字会、救世军等为代表的NPO与政府联合行动，组成急救合作伙伴，在危机救援中扮演着应急物资的提供者、突发危机事件应对的志愿服务者和信息传递者等重要角色，对危机恢复起到重要补充作用。

在突如其来的新冠疫情这场全球性公共卫生危机中，英国政府从最初的勉力应对到如今所谓的群体免疫，英国从上到下几乎是彻底躺平的姿势。在此情形下，虽然英国NPO作用的空间有限，难有大作为，但是零散的志愿行动并未停止。在对受疫情影响群体的救援中，英国NPO认为除了要对患者和医护人员进行关注外，还应该关注疫情期高暴露人群，诸如志愿者、快递员、司机等，留守儿童、重疾患者等特殊困难群体也亟须援助。例如，惠康基金会（Wellcome Trust）根据不同群体的特殊需要、工作特征等要素对传染性疾病防治采取了系统性措施。惠康基金会是位于伦敦的科学研究基金会、位列世界前五大捐赠规模的慈善基金会，主要通过资助科研机构、医疗主体等促进科学与健康领域融合发展，尤其是针对传染病领域开展系统性参与，在新冠疫情防控中对传染病链条中的不同环节及对象提供针对性的帮扶。具体而言，惠康基金会的作用为：通过资助医疗机构为患者提供医疗服务；对医护人员开展培训帮助其提高对应传染病的行业规范和道德意识，防止二次感染；资助特定机构研究医疗课题；通过媒体宣传倡议、引导公众提高防治意识等②。

从伦敦地铁爆炸案到新冠肺炎疫情，英国NPO危机应对特点显著。

（一）注重立体化危机救助

一般而言，在危机爆发初期，救助处在危机风暴中心的受困者是必然选择，但随着危机治理的推进，NPO需要拓宽视野，关注更广泛的受灾群体、

---

① 赵成根.国外大城市危机管理模式研究[M].北京：北京大学出版社,2006：352.
② 韩微文,朱永磊,刘湘平,胡亚男.面对公共卫生危机,NPO如何行动？[EB/OL]. 2020-03-10.

采取更长远的后续支持①，实施立体化危机援助。如此不仅有利于应对当下危机，还可以全面汲取经验和教训，在新的危机应对中能够更有效地行动。例如在伦敦地铁爆炸案中，英国红十字会不仅快速进行现场救援、秩序恢复，而且关注受害者未来发展，积极帮助社区开展救援训练等。在新冠肺炎疫情应对中，英国NPO同样展示了"预警—应对—振兴"系统化救助方式（见表4-1）。

表4-1 英国NPO系统化"预警—应对—振兴"机制

预警防控	应急控制	重建振兴
传染病防治知识教育和培训	紧急医疗援助	治愈患者的心理健康支持 例如：International Medical Corps 组织在塞拉利昂作为WHO的合作伙伴，为埃博拉治愈者提供心理治疗
疾控物资储备与投放	资助科研，包括疾病防控、疫苗研发等	持续的药物、诊断及疫苗研发支持 例如："流行病防范创新联盟"（CEPI）旨在通过加速疫苗研发防控流行病
防疫志愿者储备及培训	医疗卫生物资运输、物流支持	经验总结及最佳实践整理，如重大公共卫生危机防止举措和应急机制研究，科普及教育工具开发等
研究、建议疫情应对预案等	患者及家属心理健康支持	持续支持受疫情影响的困难群体
公共卫生政策研究、倡议等	基本生活物资援助	参与经济振兴和社会复苏建设等
	受疫情影响的特殊群体援助	
	疾病防控教育、社区卫生防护等	

资料来源：韩微文,朱永磊,刘湘平,等.面对公共卫生危机,NPO如何行动？[EB/OL].2020-03-10.

（二）关注社会价值、崇尚专业精神

英国由于源远流长的志愿文化，英国NPO高度关注社会价值的实现，积极参与包括危机应对在内的各项社会治理。在伦敦地铁爆炸案中，参与危机应对的NPO关注范围包括：受害者医疗救助、心理援助、无家可归者居所问题、

---

① 韩微文,朱永磊,刘湘平,等.面对公共卫生危机,NPO如何行动？[EB/OL].2020-03-10.

社区危机应对能力提升等诸多方面，无不体现着 NPO 对社会价值的追求。悠久的互助慈善传统、相对成熟的 NPO 管理制度，使得英国 NPO 拥有相对丰富的运行资源、较强的自我管理能力和社会动员能力。在伦敦地铁爆炸案中，正是 NPO 高度的专业精神，使其在现场秩序恢复、信息及时传递、受灾公众心理援助等方面发挥了积极作用。在新冠肺炎疫情特大公共卫生危机应对中，英国 NPO 构建了"预警—应对—振兴"的系统化救助机制，从公共卫生事件发生前的预警预防，到危机中的应急控制，再到灾后重建振兴，无不凸显出其专业性与胜任力。

二、英国"整合管理型"危机治理体系和能力建设

（一）COMPACT 协定：英国 NPO 与政府的互助合作机制

英国危机治理模式的最大特色就是英国政府与 NPO 的互助合作机制——COMPACT 协定。从英国的历史发展来看，公权力与私权力之间一直有着比较严格的界限。尊重非营利组织的独立性和自主性成为一个重要传统和原则，在实践中逐渐形成了相互支持又相互独立的公私合作模式。基于"公民社会不是政府管理的对象，更不是政府的下属机构或'仆从'，而是'平等'的关系"① 的认知，英国的危机治理体系非常重视和 NPO 之间的合作，政府通过签定互助协议或者合同等形式，与 NPO 建立平等的合作互助关系，将 NPO 纳入危机治理体系。《政府与志愿及社区部门关系协定》②（简称 COMPACT）是推进英国 NPO 与政府互助合作、参与公共危机治理的最重要的指导性协定。COMPACT 分为全国 COMPACT 和地方 COMPACT 两个层次，具有划时代意义的全国 COMPACT 于 1998 年由布莱尔首相签署并全面推开，不久地方层面的 COMPACT 也渐次推行，迄今为止，在原协定的基础上已经数次修订出了更加精练有效的 COMPACT PLUS 版。

COMPACT 旨在确保政府和公民社会组织能够开展富有成效的合作，以实现有利于英国社区和公民的共同目标。协定强调政府与非营利组织之间的合作伙伴关系及互惠互利，充分肯定了非营利组织对于公民和社区的重大益处，表明政府应当进一步在促进志愿活动、对非营利组织提供支持方面发挥

---

① 张胜军.培育公民社会,英国下了苦心[EB/OL].环境时报,2014-02-28.
② 韩国明,魏丽莉.比较与借鉴：国外政府建构与非营利组织的合作模式[J].行政与法,2006(5)：17-19.

积极作用，强调政府与非营利组织在制定公共政策和提供公共服务方面的互补性，强调政府需要对非营利组织提供可持续、战略性、合理性、一致性和透明性的资助，并对非营利组织的成果进行评估，对违背 COMPACT 协定的行为进行监督和处罚。当然，第三部门享有项目设计的参与权并有权对政府的违规行为提请仲裁，但也必须为良好的行为规范提供服务。COMPACT 确立了英国政府与 NPO 建立合作伙伴关系应当遵循的基本原则、行为依据以及双向、互为承诺的责任和义务。作为一个非法律的政策性协定，COMPACT 对于英国 NPO 加强与政府互助合作，有效参与公共危机治理具有重要的指导意义。

（二）英国 NPO 参与危机治理的制度体系[①]

第一，法律制度。英国有着悠久的互助慈善传统，早在 1601 年，英国就制定了 1601 年慈善用途法，这是世界第一个规范民间公益性事业的法律，也是整个英国慈善法体系的生长原点。《2006 年慈善法》（"The Charities Act 2006"）出台以后，历经修订沿用至今。《2006 年慈善法》从法律上明确了慈善委员会（The Charity Commission）是英国民间公益性事业总监管机构，其核心职能包括慈善组织的登记注册，慈善信息披露，提供在线服务及指导，加强对慈善组织的监督管理、规范其行为等[②]。《2016 年慈善组织保护与社会投资法》对慈善资金筹集监管等有明确规定，核心目标是要促使民间公益性组织以高度的责任心对善款捐助人、受益人和广大公众负责，要保持与提升公众对志愿事业的信任和信心，使慈善事业获得持续性发展。

第二，监管体系。监管是政府对志愿部门发展进行鼓励与支持的一种手段，对于提升慈善组织声誉和志愿部门地位具有重要作用。政府对非营利组织的监管基于非营利组织公益机构的组织属性，因其接受财政支持、税收优惠以及社会捐赠等形式的公益资产，所以必须对公众及政府负责。英国的慈善监管机构主要有慈善委员会、英国志愿组织国家委员会（National Council for Voluntary Organizations，简称 NCVO）。民众也是慈善监督的重要主体。由此形成了行政、行业、司法和社会共同参与的慈善组织监督管理体系。苏格兰和北爱尔兰有独立的慈善委员会，英国慈善委员会负责英格兰和威尔士地

[①] 英国政府网站 https：//www.gov.uk/．本书涉及《2006 年慈善法》的论述一律依照英国政府公共机构信息办公室(Office of Public Sector Information)正式发布的法律文本。
[②] 英国慈善委员会指引[M]．林少伟，译．北京：中国法律图书有限公司，2017：1321．

区慈善监管。

第三，政策扶持。在西方国家中，英国政府对 NPO 的扶持力度非常大。NPO 每年获得的公共服务资金中近三分之一来自政府。这些公共资金一部分由英国文化部通过发行彩票的博彩事业提供，另一部分来自财政，通过政府采购和政府委托等方式提供给 NPO，不仅提高了财政资金的使用效率，而且因其活动涉及公共利益而使整个社会受益，社会福利水平整体增进[1]。英国政府还通过投入资金支持青年人开展公益服务。国家公民服务计划（National Citizen Service Trust）通过增加志愿服务岗位鼓励 16—17 岁的青少年利用假期参与社区志愿服务，在促进青少年掌握工作及生活技能中形成应对未来的综合能力，与此同时实现了对志愿组织发展的支持。

新冠疫情暴发后，英国政府宣布了一系列可用于慈善机构的资金（适用于苏格兰和北爱尔兰）。慈善委员会对志愿组织因新冠疫情引起的财务困难提出一系列指导，包括财务建议和指导、识别并维护慈善机构的最大利益，以及遇到财务问题无法继续运作而应采取的关闭措施等，并提出了解决财务困难的方案。英国政府的数字、文化、媒体和体育部以及民间社会办公室（Department for Digital, Culture, Media & Sport and Office for Civil Society）提出政府已承诺投入 7.5 亿英镑，对志愿组织、社区及社会企业组织（VCSE）进行财政支援，以确保 VCSE 能够在病毒暴发期间继续支持国家的重要工作，其中包括 2 亿英镑的社区支持基金，以及 1.5 亿英镑休眠账户和建设社会账户[2]。

此外，英国政府还给予公益性 NPO 税收支持，每年的减免税和退税总额高达 30 亿英镑。为了鼓励企业参与慈善事业，2012 年英国政府还推出了 C 志愿计划。C 志愿计划中心认为，在英国，3% 的慈善机构获得了 75% 的捐赠[3]，使得很多中小慈善机构活动能力有限，制约了英国慈善事业发展。因此，可以通过给企业减税，引导企业向中小慈善机构捐赠资金、奉献时间，以帮助他们获取更多资源。

---

[1] 王名.国内外民间组织管理的经验与启示[J].学会,2006(2):23-26.
[2] Financial support for voluntary, community and social enterprise (VCSE) organisations to respond to coronavirus (COVID-19). 英国政府网：https://www.gov.uk/guidance/financial-support-for-voluntary-community-and-social-enterprise-vcse-organisations-to-respond-to-coronavirus-covid-19.
[3] 英国的慈善事业如何减税[EB/OL]. http://www.NPOcn.net/column/82596.html.

(三) 英国 NPO 参与公共危机治理的社会支持

公众信任是 NPO 获取社会捐款、吸引人才的重要基础，而人才与资金又是非营利组织促进自身发展、提升专业能力，从而在公共危机治理中发挥重要作用的不可或缺的前提。英国 NPO 涵盖了公民自愿结成的互益性组织、公益性社会团体、社区团体及其他不以营利为目的组织，从产生之日起就为救治贫困、教育促进、宗教促进、促进社区发展做出重要贡献，为英国社会积蓄了丰富的社会资源和信任资本，赢得了公众的支持和信任。在英国，慈善组织成为公众信任度最高的组织，与慈善机构帮助社会中最需要帮助的人员传统紧密相连。据统计，英国慈善最大的捐款来源是公众[①]。英国约有 50% 的成年人有慈善捐赠的经历，是世界上捐赠水平最高的国家。由于很多慈善组织不从政府接受资助，从个体接受捐赠成为其运行的最重要的资金来源[②]。由于国家人口变化及社会风险加剧的挑战，英国也出现了非正式临时形式的志愿参与，以维持高水平有组织的危机应对。根据英国官方的调查统计，截至 2007 年 12 月 31 日，在英国慈善委员会登记注册的慈善组织为 169 299 个，此外还有大量未注册或免于注册的慈善组织[③]。经过十几年的发展，截至 2020 年，英国有超过 180 000 个注册的慈善组织。[④] 这些慈善组织积极参与危机应对，提供各种支持和救济服务，如卫生设施或庇护所、疫苗接种以及唤起民众注意并改变对公益的态度等，从更广泛的视角预防危机发生或争取更多信任支持。

第三节　日本 NPO 参与公共危机治理：以阪神·淡路大地震和东日本大地震为例

日本被称为"与地震共生的国家"，据统计，全世界 6 级以上的地震有 20% 都发生在日本。据日本媒体报道，迄今为止，全日本总共只检测到过 4 次

---

① 英国慈善事业发展主要经验与我们的思考[EB/OL].凤凰网，2020-01-15.
② History Of British Charities. 英国捐赠网站，https://www.want2donate.org/giving-guide/history-of-british-charities.
③ 王名，李勇，黄浩明.英国非营利组织[M].北京：社会科学文献出版社，2009：22.
④ History Of British Charities. 英国捐赠网站，https://www.want2donate.org/giving-guide/history-of-british-charities.

震度为 7 的最高等级地震①，即阪神大地震（1995）、新潟大地震（2004）、东日本大地震（2011）以及熊本大地震（2016）。在历次危机应对中，日本 NPO 都是不可或缺的重要参与力量。理性审视日本 NPO 参与灾害性危机应对的做法和经验，对于我国这样自然灾害多发的国家有着重要的启示和借鉴意义。本章以日本 NPO 危机参与颇具代表性的阪神大地震和东日本大地震为例展开分析。

一、案例呈现：巨灾中的日本 NPO

震惊世界的阪神大地震引发了以 NPO 为代表的日本民间力量的大爆发，在日本救灾史上被称为"志愿者元年"。灾害发生后，日本政府危机应对程序尚未启动，大量的 NPO 和志愿者已经从全国各地自发、自费奔赴灾区，积极投身到赈灾救援活动中去。据不完全统计，在阪神大地震中，许多 NPO 奔赴现场展开救援，志愿者自发组织的各类救援团体更是不计其数，参加救援的志愿者人数多达 138 万人，震后日本全国的社会捐款达到 1 800 亿日元②。NPO 和志愿者的广泛参与，尤其是他们在危机中的行动力，得到日本官方和民间的一致认可和高度赞誉，阪神大地震也因此成为日本 NPO 成长的重要里程碑，对日本社会产生了深远影响。

2011 年的东日本大地震是日本有观测史以来震级规模最大的地震，然而这还不是最可怕的，地震和海啸之后的核电站事故、放射能泄漏等一系列次生灾害使其成为一场巨大的复合型灾害危机。如今看来，这场复合型灾害危机不仅对日本的政治经济、生态环境、民众生活、心理精神等层面造成了重大影响，还将成为全世界的梦魇。尽管灾难已经过去十余年，但这场危机所引发的多米诺骨牌效应仍在持续，而且似乎远看不到尽头。在这场史无前例的灾难与挑战面前，日本 NPO 在地震救灾行动中，再次展示了其训练有素的良好风貌与极强的行动力。灾害发生后，日本全国近 3 万个民间 NPO 几乎在第一时间就进入"战时状态"，展开救援行动③：

首先，开展救灾联络行动。灾难发生后，日本社会福祉协议会在 6 县共 67 个市町村设置了 71 个志愿者中心，联络各地志愿者参加抗震救灾行动。据

---

① 地震所处地区受地震影响和破坏的严重程度，即震度，不同国家的震度分级方式不一样。日本气象厅设定的震度分级方式，由弱到强分别为 0 至 4、5 弱、5 强、6 弱、6 强以及 7，共 10 个等级。
② 马梅玉.1995 年阪神地震成为日本志愿领域发展的契机[EB/OL].环球慈善，2005-03-11.
③ 竹中平藏，船桥洋一.日本"3·11"大地震的启示：复合型灾害与危机管理[M].林光江，等译.北京：新华出版社，2013：87.

日本福利国家委员会的统计，在3月11日到4月28日期间，共有17.5万名志愿者，近3万个NPO组织到达岩手、宫城和福岛，为灾区人民提供服务。截至2011年8月上旬，参与日本灾区救援重建的NPO组织成员超过50万人。其次，进行医疗救助。由于大地震、海啸的袭击，岩手县、宫城县等灾区的医疗机构均受到不同程度的破坏，医疗救助功能几乎全面瘫痪。从事医疗救助的NPO在第一时间行动起来，最先赶到赈灾现场。在灾区现场的各个赈灾救护所里，这些来自全国各地的医生、护士等NPO医务人员和志愿者为灾民提供各种医疗救助，以减轻伤痛，降低生命危险。再次，对外发布、传播信息。每个NPO都在自己的网站发布灾情报告信息和救援信息，各组织间信息相互转载，实行信息共享。从次，实施心理援助。灾难不仅会造成房屋倒塌、财产损失、人员伤亡等有形的损失，还可能给民众带来严重的精神伤害、心理创伤等无形的压力。东日本大地震发生后，NPO及时开通了心理援助热线，组织志愿者对灾民进行家访，在各个避难所开展心理抚慰和疏导，尤其重视向老人、儿童等弱势群体提供特殊帮助。通过多种形式对灾民进行心理调节，尽可能减轻灾区民众的心理创伤。最后，积极开展救灾募捐，并大力协助政府进行协调、组织管理，如救灾物资的分配、灾民食品的制作、饮用水的提供，特别是政府力所不及的避难所的运营和管理。

从阪神大地震到东日本大地震，我们看到日本NPO在危机中的表现可圈可点，无论是在灾害初期的灾害救援、社会动员，灾害中期的民众安置，还是在灾害后期的灾区重建中均发挥了不可替代的关键作用。

二、日本"综合参与型"危机治理体系和能力建设

（一）日本NPO参与公共危机治理的法律体系

作为各种危机频发的国家，日本政府很早就开始重视危机法律的制定，并根据实际应对过程中的经验和教训不断进行修改和完善。目前，日本共拥有各类危机治理的法律法规40余部，其中对NPO参与公共危机治理影响最大的是《灾害对策基本法》（1961）[①] 和《特定非营利事业促进法》（1998）。

---

① 日本的灾害对策相关法律按照法律的内容和性质可以分为五大类：基本法类、灾害预防和防灾规划相关法类、灾害紧急对应相关法类、灾害重建和复兴法类、灾害管理组织法类。灾害对策基本法则是灾害对策的基本大法，后四类都包含在灾害对策基本法的法律范围内。参见滕五晓，加藤孝明，小出治.日本灾害对策体制[M].北京：中国建筑工业出版社，2003：37.

《灾害对策基本法》是一部比较完善的有关危机治理的基本大法。该法明确将 NPO 等民间组织纳入危机治理体系，并详细规定了其在危机治理中应承担的责任、义务及运行机制等。根据《灾害对策基本法》，日本红十字会作为指定的公共机关被纳入国家防灾规划体制，红十字会会长也成为中央防灾会议的重要成员（见图 4-3）①。《特定非营利事业促进法》（即 NPO 法）在日本 NPO 法制史上具有重要的里程碑意义。作为政府主导型社会发展模式的集大成者，在相当长时间里，日本政府对 NPO 等民间组织的发展一直持限制和与审慎态度。阪神大地震中 NPO 的出色表现，极大地推动了日本 NPO 的立法活动。此前默默无闻的 NPO 灾后获得了广泛认可，日本政府也反思自己的社会政策，开始重视对 NPO 组织的支持和援助。1998 年颁布的 NPO 法，明确认可公众及其组成团体的参与权；明确 NPO 的社会地位；简化结社和 NPO 组织成立的程序；规定政府在推动、促进和保护 NPO 组织等方面应承担

图 4-3　日本中央防灾会议的组织结构

资料来源：根据日本《2002 年防灾白皮书》绘制，参见滕五晓，加藤孝明，小出治. 日本灾害对策体制 [M]. 北京：中国建筑工业出版社，2003：44.

---

① 中央防灾会议是根据灾害对策基本法和国家行政组织法的有关规定，在内阁总理府设置的，是总理府的附属机关，主要负责各省厅的防灾事务的综合调整，制定国家的防灾基本规划，并推进中央和地方防灾规划的实施等。参见滕五晓，加藤孝明，小出治. 日本灾害对策体制 [M]. 北京：中国建筑工业出版社，2003：43.

的责任①。NPO法从法律上维护和推动了日本NPO的健康和迅速发展,为NPO有效参与公共危机治理营造了良好的制度环境。此后,日本NPO部门立法发展迅速,陆续出台了一系列新的法律或对原有法律做出修改②。不断完善的危机治理法律法规体系,为日本NPO参与公共危机治理提供了比较完备的法制保障和实践指导,使NPO参与公共危机治理有法可依、有据可循。

(二) 日本NPO与政府的公私合作机制

第一,成立NPO中心。阪神大地震使日本社会深刻认识到加强政府与NPO合作的必要性和重要性。阪神大地震后,日本政府开始重视NPO危机参与的协调机制建设,具体做法就是成立NPO中心。东日本大地震时,宫城县政府也是在第一时间就设立了"救灾志愿者中心"③。NPO中心多数由政府出面成立,NPO或救灾志愿者具体负责运营,它是灾时NPO和救灾志愿者活动的据点,更是灾时协调政府、NPO、志愿者以及灾民的重要机构(见图4-4)。据日本NPO中心的调查,如今日本国内已有几百家NPO中心④。

第二,加强政府与NPO的协动。在政府与NPO的合作中,最具代表性的是政府与NPO的协动⑤,即政府和NPO通过派遣人员、共同主办、资金补助、项目委托、使用公共财产、信息交流以及活动协调等方式联合起来解决防灾等领域的共同问题,实现共同的目标。例如有的地方政府在预算中设立用于资助NPO的各种公益基金,在资金上支持NPO的发展;有的地方政府选派公务员到NPO进行研究,地方政府与NPO之间出现了人员流动⑥。而那些人口稀少的地区,由于企业少,NPO更成为当地不可或缺的重要力量,当地政府更加愿意与NPO进行合作,建立伙伴关系,千叶县甚至提出"NPO立县"。如今,政府与NPO协动这一做法已经涵盖日本绝大多数的市区村。日本内阁府2004年开展的全国性调查就已经显示:被调查的都道府(相当于我国的省级政府)层次上,全都开展了与NPO、志愿者团体的协动,而在较低行政层次上的地方基层政府中,开展协动的也达到了66%,没有开展协动的地方政

---

① 何增科.公民社会与第三部门[M].北京:社会科学文献出版社,2000:273-275.
② 文国锋.日本民间非营利组织:法律框架、制度改革和发展趋势[J].学会,2006(10):3-13.
③ 叶慧珏.民间救灾:日本NGO的行动逻辑[N/OL].21世纪经济报道,2011-03-15.
④ 这些NPO中心除了政府建立的,也有一些是由民间建立的,如大阪NPO中心、日本NPO中心等。
⑤ "协动"相当于汉语的合作、协作,日本的协动政策非常类似于英国的COMPACT协定。
⑥ 文国锋.日本民间非营利组织:法律框架、制度改革和发展趋势[J].学会,2006(10):3-13.

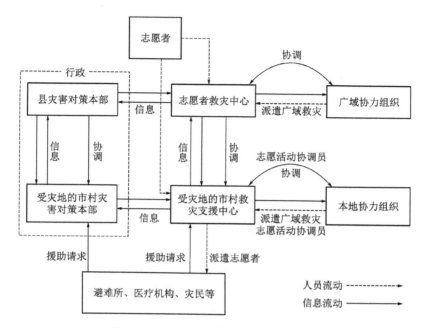

图 4-4　日本救灾志愿者中心的运作机制

资料来源：邓国胜，等．响应汶川：中国救灾机制分析[M]．北京：北京大学出版社，2009：212．

府中，88%表示近期也要开展协动①。在众多开展协动的地方政府中，尤以横滨市的政府与NPO协动（见图4-5）和东京都的灾前合同（见图4-6）颇具特色。地方政府与NPO之间的协动，不仅有助于政府应对公共问题，增强其合法性和危机治理能力，而且有助于NPO进入原本只属于政府的"公共领域"，从而大大拓展了NPO的活动领域与空间②。

（三）"公助—共助—自助"的全员参与危机治理理念

"强化基层"是日本危机治理体制的重要特征，阪神大地震不仅使日本社会深刻意识到将NPO纳入危机治理体系的必要性，也意识到提高社会公众灾害应对意识和能力的重要性。因此，阪神大地震后日本提出了"公助—共助—自助"的减灾理念③。在这一理念的指导下，日本更加注重动员包括NPO在内的所有社会力量参与危机应对，广泛开展日常防灾减灾培训和演练。

---

① 参见：http://www.npo-homepage.go.jp/data/report7.html，2009-06-12．
② 邓国胜，等．响应汶川：中国救灾机制分析[M]．北京：北京大学出版社，2009：215-216．
③ "公助"是指国家和地方行政等公共机关的援助、救援活动；"共助"是指借助邻居、民间组织、志愿者团体等的力量，互相帮助从事救助和救援活动；"自助"是指灾民依靠自己和家人的力量在灾害中保全自己。

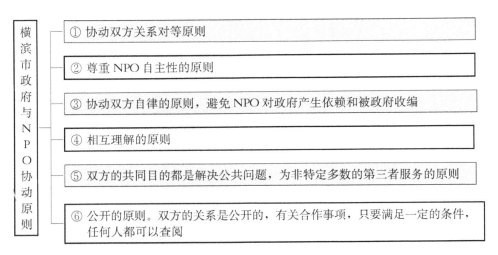

图 4-5　横滨市政府与 NPO 协动原则

资料来源：邓国胜，等.响应汶川：中国救灾机制分析[M].北京：北京大学出版社，2009：216.

东京都灾前合同

东京都危机管理体系格外强调政府与 NPO 组织的配合与协作。为了确保危机发生时政府与 NPO 等民间组织能够进行有效的沟通与良好的合作，共同参与危机救援行动，东京都与 NPO 等 30 多个民间组织签署了一系列的危机救援合作协定，建立了一个部门齐全的防灾应急网络。这种灾前合同的方式将政府与 NPO 公私合作、共同应对危机的合作关系纳入制度化轨道。根据这些协定，政府在平时需对 NPO 组织提供各种支持以促进其发展，NPO 亦需帮助政府储备救援物资以备灾时所需；而当危机来临时，NPO 则需积极协助政府进行救援，并提供救必须的救援物资。当然，征用物资的程序、费用负担及保险责任等在合同中都有明确详细的规定。一方面，NPO 等民间组织和政府同时储备救援物资，极大地减轻了政府储备物资的压力；另一方面，当危机来临时，政府能够按照合同规定迅速调配和整合应急资源，从而确保应急救援的物资、人员和设备的供应，有效实现"政府—社会"的二元互动。

图 4-6　东京都灾前合同

资料来源：赵成根，等.国外大城市危机管理模式研究[M].北京：北京大学出版社，2006：624-647.

首先，结合地区特点普及防灾减灾知识。除了每年固定的防灾日、水防月和危险品安全周等专门的抗灾宣传活动外，日本还编写相应的学校教材，对在校生开展灾害的预防和应对教育，并通过灾害博物馆、防灾训练中心以及体验防灾学习设施等开展灾害应对教育工作。并且注重结合地区特点，强调企业对流动人口多的商业区的防灾减灾教育和实践。新兴居住区依托业主委员会等自治组织，更多地利用业主论坛等新兴的交流媒体开展减灾宣传。其次，开展多种方式的社会动员。针对不同的人群，开发多样化、不同专业水准的危机培训课程，以促进志愿者活动的多元化。最后，在理念上强调了解人员、了解地区、了解灾害，提出"自己的社区，自己保护"，以此促使社区公众更多地参与社区危机防控，增强社区居民的主体地位和在危机面前的责任担当意识。"从提高社区居民对社区事务参与度的角度看，这已经超出了单纯减灾的范围。"① 这些做法充分彰显了日本在公共危机治理方面的成熟体系和先进理念。

2011年东日本大地震使日本的民间力量得到了进一步整合，据日本《读卖新闻》报道，2011年3月底日本约140个民间组织团体联合组建"东日本大地震支援全国网络"。加入此整合网络的除了各类非政府机构和各地志愿者志愿团体外，政府主导的中央共同募金会、日本红十字会、日本生活协同联合会也加入其中。从政府到NPO，再到其他民间力量，日本已经构建了全员参与的综合型危机治理模式（见图4-7），日本NPO在此体系中发挥着重要的作用。

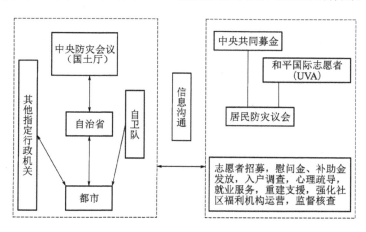

图4-7　日本减灾救灾社会参与结构图

资料来源：臧雷振,黄建军.减灾救灾社会参与机制的国际比较及启示[J].中国应急管理,2011(10):26-31.

---

① 伍国春.日本社区防灾减灾体制与应急能力建设模式[J].城市与减灾,2010(2):16-20.

第四节 国外社会组织参与公共危机治理的经验和教训

一、国外社会组织参与公共危机治理的经验参考

时至今日，应对各种公共危机已经不再是单纯的应急事件，而成为西方国家安全体系建设的重要组成部分，是整个国家治理体系和治理能力的综合表现。正是基于这样的共识，国外公共危机治理及社会组织参与凸显了一些共性特征，理性思考并总结归纳其特征，可以为推进我国社会组织有序参与公共危机治理提供一些有益的参考和重要启示。

（一）重视 NGO 参与危机治理的法律制度建设

从政府立法角度对 NGO 参与公共危机治理形成规范的制度性设计是西方国家的普遍做法和重要经验。如前所述，美国 1950 年就制定了第一部针对公共危机治理的专门法案《斯坦福法》，之后陆续又制定了百余部相应的法律法规，如今已经形成以《斯坦福法》《全国紧急状态法》《反恐怖主义法》以及《国土安全法》等为核心的比较完善的公共危机治理法律体系。而被誉为全球危机应对样板的日本，以《灾害对策基本法》和《特定非营利事业促进法》为主体，目前共拥有各类危机管理的法律法规 40 余部[①]。有着悠久互助慈善传统的英国更是早在 1601 年就制定了世界第一个规范民间公益性事业的法律——《1601 年慈善用途法》，并通过《2006 年慈善法》《2016 年慈善组织保护与社会投资法》等重要法律加强对慈善组织的监督和管理。其他诸如德国、法国、俄罗斯等国家也同样非常重视社会力量参与危机治理的法律法规建设。相对完善的法律法规不仅成为 NGO 参与公共危机治理的重要法律依据，而且对公共危机治理过程中 NGO 与政府合作的程序、内容、形式等都有比较明确的规范，从而成为双方高效合作的重要法律保障。而对于我国而言，当前社会组织参与公共危机治理的法律制度亟待完善，尤其需要制定统一的、全国性的公民参与法和社会组织法，对社会组织参与危机治理以及社会组织管理进行规

---

① 金华.我国公共危机治理的挑战与回应：社会组织参与的视角[J].甘肃社会科学,2019(4)：169-175.

范的制度性设计。

(二) 强化 NGO 危机参与的合作机制建设

在危机治理合作机制的构建中,西方国家普遍将社会组织视为危机治理的基本力量嵌入国家公共危机治理体系中,通过建立合作机制,保障政府、市场、社会能够在信息、资源、技术、知识等方面的互通与共享。从前述的美国多机构参与的危机治理合作框架 NIMS、美国国家应灾志愿组织行动联盟与政府之间的互动机制,英国政府与 NPO 的互助合作机制——COMPACT 协定,以及日本政府与 NPO 的协动(例如东京都灾前合同)等,我们可以非常清楚地看出,实际上,政府与 NGO 的合作机制基本在灾前状态就已经完成,并对救灾过程中的合作关系已有初步评估,便于反思改进。同时,灾前的应急准备也大大提升了整体危机治理能力,政府也从危机治理理念层面认识到 NGO 参与危机治理的必要性。这不仅体现在 NGO 的危机参与能够带来救援与恢复力量的提升,更重要的是 NGO 通过灾前学习与培训能够成为危机过程中的自救互救主体,从而从根本上提高了全社会应对危机的能力和水平。而从我国社会组织参与危机治理的现实来看,合作机制建设与合作能力提高方面仍然是一个致命短板。

(三) 注重志愿者危机参与的管理机制建设

在频繁发生的公共危机面前,志愿者参与成为政府维持灾区社会功能正常运转以及迅速恢复的基本策略,但志愿者向灾区"聚集"可能带来的不仅仅是救援人数的增加,同时也可能因为志愿者大量涌入导致社会秩序被破坏。从国外 NGO 危机参与的经验来看,灾害中的志愿者参与不仅仅有如何动员的问题,对于志愿者的管理和任务分配、协调同样十分重要。志愿者在危机治理中如何参与,需要在灾前就做出针对性的制度安排。美国、英国等西方国家都有比较成熟的志愿者管理机制。例如"美国法律通过执照、许可和证书来规范应急志愿者的活动,对违规的处罚可以包括刑事轻罪与重罪指控"[1]。通过这种方式不仅控制了相关职业从业者的数量,同时也从制度层面对应急管理志愿者的能力提出了较高要求。日本"从强调防灾对策的实效性角度提出了'自助、共助、协动'三大减灾理念"[2],危机应对中的志愿者管理机制极具特色。日

---

[1] 宋劲松,王宏伟.美国应急志愿者管理制度及其经验借鉴[J].北京行政学院学报,2012(4):34-40.
[2] 王德迅.日本危机管理体制机制的运行及其特点[J].日本学刊,2020(2):1-7.

本设立的 NPO 中心或者"救灾志愿者中心"是灾时 NPO 和救灾志愿者活动的中心和据点，"救灾志愿者中心"有着非常成熟的对 NPO 和志愿者进行管理和协调的运作机制。值得注意的是，近年来这一制度呈现出长期化的趋势，不仅在灾害发生时，即便在平时，"救灾志愿者中心"这样的组织形式也存在。在我国当前的危机制度建设中，志愿者管理机制仍不完善，常常只注重对于社会志愿者的动员，却忽视了后续参与相应的制度设计。从国外危机治理社会参与的经验来看，危机应对中的志愿者不仅仅是动员问题，更重要的是对于志愿者的后续管理。

（四）注重社会危机文化软实力的培育

西方政府在危机治理问题上的明确规定及其对社会危机文化的重视，对公民的行为产生了积极的导向作用，强化了公众日常生活中的危机意识。英国注重通过日常生活中的情景训练（如灾害演习），培养公众的忧患意识和灾害自救互救能力[1]；设立国家"防灾日"进行应急演练，提高公众的防灾应急自救能力。日本注重在平时培养应急救援意识，并把这一文化融入广大民众日常生活。

注重设置学校危机教育内容和训练也是国外危机文化的重要特点。强调危机教育和训练要"从娃娃抓起"，在日常的教育过程中不断贯穿危机的教学内容，采用案例式、模拟式或演练式教学的方式向学生灌输应急知识，这对于从小培养公众的危机意识、提升公众的应急能力十分有益。美国在危机教育中设置了分层次的危机管理课程，从幼儿园开始对学生进行正规的急救训练，中学生每周至少要上一节急救的课程，直至大学阶段。日本"一方面，在每年固定的'防灾日''水防月''危险品安全周'等抗灾宣传活动日期间，采取展览、媒体宣传、发放应急材料等形式广泛开展主题性应急教育活动。另一方面，通过编写危机教育的相关教材，指导在校学生开展灾害预防和应对教育"[2]。各中小学普遍设立危机教育课程，在小学教学阶段就已达到 40 个课时，内容贯穿于人与自然、地理常识等课程中[3]。同时，还通过应急宣教培训、应急演练以及设立应急纪念馆等形式，在常规教育中培养学生的危机意识。

---

[1] Wybo J L, Lonka H. Emergency Management and the Information Society: How to improve the synergy[J]. International Journal of Emergency Management, 2002(12): 183-190.
[2] 刘轩. 日本灾害危机管理的紧急对策体制[J]. 南开学报（哲学社会科学版）, 2016(6): 93-103.
[3] 杨力. 突发事件应急意识和能力建设探讨[J]. 中国安全生产科学技术, 2011, 7(8): 154-158.

在我国，近几年火灾扑救遇到的情况有：消防栓成为摆设，公众拒绝为消防车让道，甚至路遇消防车的火灾警报还有加塞情况出现。学校教育偶有防火、防灾等危机教育内容，但基本也是走走过场，学校、教师、学生重视程度都远远不够，这些都是危机文化氛围不浓、危机意识欠缺的现实表现，也是我国公共危机治理诸多困难的深层次原因之一。

（五）注重发挥社会组织和志愿者在危机宣教培训中的主体作用

NGO参与危机知识和技能的宣教培训有利于壮大危机宣教的队伍，能有效地服务于公众危机自救互救能力的提升。因为社会资源的有效利用和优化配置，尤其NGO的参与、志愿者作用的发挥以及公众的积极配合，有利于形成浓厚的社会应急文化氛围。社会应急文化的觉醒和认同无疑是政府危机治理取得良好成效的必要条件，只有各类社会主体都能意识到自身的主体责任，积极支持与配合，自觉地提升危机应对能力并参与危机应对，才能有效应对各类突发事件，减轻灾害对社会的冲击和对自身的影响。美国提倡危机应对知识和技能培训的多元参与，除了政府各部门、私人企业外，红十字会、慈善团体等众多NGO与社区志愿者成为危机宣教培训的重要主体。在日本，不仅灾害发生后，许多NPO和志愿者会纷纷前往灾区从事宣传教育、分发食物、清理坍塌建筑物等志愿活动，即使是平时NPO也非常注重加强对公众的危机宣教培训。而在我国，如前文所述，目前我国社会组织参与危机治理多集中于紧急救援阶段，参与的方式也多为募集捐赠资金、物资和为灾民提供服务等，在对公众进行危机知识和应对技能的教育培训方面相当缺乏，即便有也多是在危机发生后的"临时抱佛脚"。西方国家NGO在危机宣教培训的做法应该可以给我们一些有益的参考。

二、国外社会组织参与公共危机治理的教训启示——基于国外新冠肺炎疫情应对的反思

在美国、英国、日本、德国、法国等许多国家，社会组织已经成为危机管理的重要参与主体，这支越来越活跃的力量正发挥着不可替代的重要作用，西方各国也在此基础上形成了各具特色的社会组织参与公共危机治理模式。在"One World, One Family"、构建"人类命运共同体"的今天，学习、借鉴国外有益做法和成功经验显得很有必要。但是对于理论界和公共管理者而言，在学习借鉴的同时更要理性地思考：国外社会组织危机参与模式是否也存在需要

我们警醒的教训和不足?

这个问题以往或许未必能引起人们的足够重视,西方国家的先发优势让不少人在一定程度上更加关注其成功的经验,而忽视甚至是无视其可能存在的问题。但是一场由新冠肺炎疫情引发的突如其来的重大公共危机,深刻改变了这个世界,也促使人们深刻审视西方治理模式的弊端。在这场重大公共危机的应对中,中国和西方世界在应对方式和成效方面形成了鲜明的对比。中国人民在党和政府的坚强领导下,打赢了一场万众一心、众志成城的人民战争,取得了这场抗疫的全面胜利,许多西方国家却呈现出从最初的勉力应对到后期的彻底躺平的悲剧性混乱。而历次危机中常常能够发挥重要作用且广受赞誉的西方国家的 NGO,在这次危机中的表现尤其值得我们深思。虽然由于资料所限,我们还无法把握国外 NGO 参与新冠肺炎疫情应对的全貌,但是总体看来,日本、英国、美国等国家的 NGO 在这次疫情中虽然都有所行动,却乏善可陈,发挥的作用也相当有限。可以说,一场新冠肺炎疫情,前所未有地暴露了西方公共危机治理中的问题和不足,尤其是中国与西方国家疫情应对的强烈反差,使我们对国外公共危机中社会组织的参与有了新的认识和更深层次的思考。至少有下几个方面需要我们深度反思:

(一) 公共危机治理:强政府还是强社会?

在新冠疫情这场前所未有的重大挑战面前,我国在党和政府的强有力领导下,社会力量广泛参与,发挥了积极作用,为疫情防控做出重大贡献。而反观国外,无论是美国、英国还是日本,其 NGO 的发展远比我们成熟,参与公共危机治理的经验也颇为丰富,但在新冠疫情面前作为相当有限,原因非常值得探究。

公共危机治理的理论与实践都告诉我们:要实现公共危机治理的有序和高效,需要构建一个多元主体共同参与的,信息共享、交流畅通、优势互补、责任共担的协同网络,以期实现"1+1＞2"的最大效益,而作为公共危机治理最重要的主体,政府承担最大的责任,发挥着最重要的作用。因此,公共危机有效治理不仅需要一个强大的社会,更需要一个强大的政府。没有一个强大的政府,没有政府强大的组织协调能力、高效的执行能力、严格的问责机制,社会组织的作用根本难以有效发挥。从西方新冠疫情应对中,我们已经清楚地看到这一点。在以往的飓风、地震等灾害性危机应对中可能表现得还不明显,而新冠肺炎疫情这种传染性极强的重大公共危机,则使政府主导的重要性愈加凸显。西方国家政府在危机治理中严重缺位和失败是新冠肺炎疫情应对中 NGO 作用难以发挥的一个非常重要的原因。因此,我们必须清醒地认识到,在公共危机治理中,政府和社会并非此消彼长、彼此对立。我们不仅需要一个成熟的社会,更需要一个强大的政府。如果政府在国家治理,尤其是重大公共危机治理中缺席,西方强大的公民社会的神话也会破灭,这是此次西方新冠疫情应对留给我们的重要启示之一。

(二) 公共危机治理: 组织目标至上还是公共利益取向?

社会组织参与公共危机治理有其独特的优势与价值功能,但是在一定条件下,也可能出现行为异化,带来负面影响。西方国家在新冠肺炎疫情应对中,对佩戴口罩、注射疫苗、减少聚会等采取自由主义态度,甚至反防疫政策的行动中不乏一些 NGO 的身影。这种现象促使我们思考: 社会组织在参与公共危机治理过程中,当组织成员的理念利益、组织目标和公共危机治理目标出现错位,偏离公共危机治理的公共利益取向时,应该如何选择?

我国宪法和法律规定,公民参与国家和社会治理既是基本权利,也是一种义务。其实就义务而言,在社会组织参与公共危机治理中,我们更认同参与是一种责任。在面对国家社会的稳定与安全、人民生命财产等遭遇重大威胁时,包括社会组织在内的所有社会力量都有责任去积极应对。因此,当组织成员的理念、利益取向、组织目标与公共危机治理目标出现错位时,作为社会组织不能过分强调组织自身的目标和独立性,而应秉持更高站位,从公共危机治理的大局出发,一切以公共危机治理的公共利益取向为依归。这也是西方国家一些 NGO 在新冠疫情应对中的行为对我们的重要警醒。

(三) 公共危机治理: 要自由, 还是重责任?

社会组织参与公共危机治理要想取得理想成效,离不开强有力的政府,也离不开成熟负责任的公民社会。我国疫情应对的成功离不开无数国人牺牲个人自由的积极配合与付出,体现了公众高度的责任感与大局观。西方发达国家公民文化底蕴深厚,以主体意识、参与意识、公益精神、志愿精神等为核心的现代公民文化发展也非常成熟,但是新冠疫情让我们看到了西方公民文化建设中公共精神和责任意识的严重缺失。西方国家民众在新冠肺炎疫情中采取的口罩自由、疫苗自由、聚会自由等诸多操作,在让国人目瞪口呆的同时,也在告知世人,即便是在如此重大的危机面前,个人自由也比他人的健康、生命、国家社会的安全更重要,无不显露出他们强烈的自我中心主义意识。

自由固然是个好东西，但是自由有其自身边界而非随心所欲，自由一定要建立在不损害他人、集体、社会利益的基础上，尤其是在公共危机应对中，作为公众要关注自由，更需要责任和担当。西方国家疫情应对中公众的各种行为在强烈地向我们发出警告：在现代公民文化建设中，我们要持续重视和加强公众责任意识、担当意识和使命感的培育，这不仅对公共危机治理至关重要，而且对中华民族伟大复兴、中国梦的实现同样至关重要。

第五章

社会组织有序参与公共危机治理的模式建构

面对危机时代的巨大挑战,整合社会资源、充分发挥社会力量,尤其是发挥社会组织在公共危机治理中独特的优势与功能,已经成为我国公共危机治理的必然选择。如何实现社会组织有序高效参与公共危机治理?基于新时期我国社会发展的现实状态,在深刻认识当前我国社会组织参与公共危机治理的必然性和复杂性,并理性审视国外社会组织参与公共危机治理的经验与教训的基础上,本章将从角色定位、基本原则和目标指向三个层面,尝试构建与中国现实国情相适应的、应然意义上的社会组织参与公共危机治理模式。

第一节 社会组织有序参与公共危机治理:角色定位

明晰社会组织在公共危机治理中的角色定位,是我们构建中国特色社会组织危机参与模式的重要前提。在我国公共危机治理过程中,政府毫无疑问是最重要的治理主体,那么社会组织在其中的角色究竟应该如何定位,关键取决于我们对政府和社会关系的理解和阐释。

在西方国家公共危机治理中,政府和社会组织之间的关系正由传统的"竞争范式"向"合作伙伴"的范式转变,形成了政府与 NGO 合作的相对独立、相互平等的关系范式。然而,西方的范式是否适用于新时代中国的公共危机治理实践,这是摆在我们面前的现实话题。事实上,无论是英国政府与 NGO 的框架式合作模式,还是美国、日本政府与 NGO 的制式化合作模式,都是建立在 NGO 高度发达的基础上的。而植根于传统的中国政府和社会的关系并没有明确界限，而是一种模糊状态，"强政府、弱社会"至今仍然是转型期中国社会的主要特征。转型期中国的体制现状与公共危机治理的特殊性，形成了我国政府在公共危机治理中的绝对优势地位。

但是，这并不意味着政府与社会组织无法合作。事实上，政府主导体制下的政策和资源优势，与社会组织专业、灵活和来自民间的公益优势，只有在合作中才能更好体现。没有协同合作，公共危机治理中参与的有序高效必然困难重重。因此，合作是必然的，只不过合作的层次、合作的程度必然是一个由低到高、渐进动态的发展过程。这一过程的复杂性决定了现阶段我国社会组织在危机治理中的角色演变要经历以下三个阶段。一是拾遗补阙阶段：社会组织发挥作用的领域更多集中在政府做不了、做不好以及无法顾及的领域。二是服务替代阶段：在政府可以作为的领域，社会组织也可以适当参与，即根据各自的功能优势展开有效合作。三是协同增效阶段：社会组织在危机治理中不仅发挥危机治理的基本功能，还可以充分利用其贴近基层、贴近社会的优势发挥政策倡导等功能，政府更多地扮演"掌舵"，而不是"划桨"的角色[1]。因此，我国社会组织在公共危机治理中的角色并非一成不变的，而是一个渐进动态，一个不断演变的过程。基于中国现实国情、民情、社会组织发展程度等现实，当前社会组织在危机治理中的角色应该是从拾遗补阙逐渐向服务替代过渡的阶段。具体而言，主要表现在以下三个层面。

一、公共精神培育的倡导者

在社会主义市场经济背景下，持续高速发展和基于市场的激烈竞争、利益追逐，导致公众道德水平严重滑坡，给社会治理带来较大的负面影响。全面建成社会主义现代化强国的第二个百年奋斗目标，对不断出现的公共危机治理提出了新要求。在改革开放持续推进，社会物质、精神文明水平不断提升的大背景下，传统文化中的"利他"思想以及"仁爱"等价值观念，与不断涌进的西方现代公益思想一起，强化了人们的公共精神。"社会组织之所以能够在污浊之中坚持发挥自身在扶弱帮贫、环境保护、慈善捐助等方面的独特作用，如环境保护协会、红十字会等，关键就在于社会组织集'公共精神'价值观于一身。"[2] 公共危机

---

[1] 汪锦军.公共服务中的政府与非营利组织合作：三种模式分析[J].中国行政管理，2009(10)：77-80.
[2] 孔金平,刘彤.国家治理体系中的社会组织：西方理论和中国经验[J].天津行政学院学报，2017，19(4)：90-95.

治理过程中"政府失灵"现实，直接导致了政府难以兼顾少数人在危机中的困境，社会组织在这一过程中充分发挥自身优势，用其使命担当彰显了社会的公平和正义。而在面对治理过程中的"市场失灵"状况时，社会组织通过其有效参与，不仅弥补并推进了资源的公平分配，还担起了监督的使命。在公共危机治理的有序参与格局探索中，社会组织要时刻关注"政府失灵""市场失灵"状况的发生，弥补政府、市场在危机治理中的功能性不足，避免治理过程中的矛盾发生。同时，还要在参与过程中推动社会组织间的专业优势互补和良性竞争，努力避免参与过程中的"志愿失灵"现象出现，在有效参与中倡导公共精神。

二、公共危机治理服务的提供者

社会组织是公共危机治理过程中志愿者和政府的联结纽带，其自发性、公益性和普遍性特征使其本身具有良好的群众基础，在广泛汇集民意，反映民声方面架起了安全高效的桥梁。日益频发的公共危机与政府处置能力的巨大反差，带来了危机治理进程中的诸多信息不对称，因此，公共危机治理服务迫切需要"明确各主体之间的权力划分，优化危机治理网络，构建动态适应的治理格局，探究公共危机产生的内在机理，提供具有可操作性的对策建议"[①]。通过社会组织的有效参与，政府可以更好地了解社会发展矛盾状况及其成因，实施宏观调控，提高政府的服务水准和质量。

同时，社会组织作为社会公益机构，可以通过自身参与传播国家政策、法规，深化公众的参与体验和对相关文件精神的理解，实现理论与民众间的双向有效沟通。通过弥补改善政府面对公共危机时的局限和不足，缓解治理作为上的合法性危机和主体协作矛盾，有效减轻政府舆论压力，推动政府更好组织应对、协调公共危机治理，提升公共危机治理效能。

"在社会异质性愈加凸显和利益诉求愈加多元时，社会组织公益性、高效性、灵活性和社会性的优势汇合了各行业各领域的诉求信息，为公共决策提供重要参考。"[②] 在公共危机治理过程中，要充分利用社会组织的这些优势，一旦出现效益和公平问题，则可以通过社会组织的参与来化解矛盾，满足不同

---

① 文宏.治理体系下的公共管理研究：中国共产党十八大以来的回顾、特征及展望：基于CSSCI期刊论文的可视化分析[J].南京社会科学,2018(7)：56-64.
② 孔金平,刘彤.国家治理体系中的社会组织：西方理论和中国经验[J].天津行政学院学报,2017,19(4)：90-95.

主体的利益诉求。当然，除了可以与政府实现优势互补之外，社会组织相互间还具有相互监督和良性竞争关系，在为广大社会公众提供参与渠道的同时，社会组织还应自觉、广泛地接受社会监督，为更好推进公共危机治理创造条件。

三、公共危机社会自治的推动者

20世纪80年代，西方社会在反思公共危机治理中的政府和市场机制失灵基础上，从社会中心主义理论出发，"强调人际间、组织间、力量间、机制间的谈判和反思，而谈判和反思意味着参与治理力量的多元化和分散化"[1]，并认为推动社会治理的关键力量应回归社会、人及其相互间参与的关系协调。当然这种回归必须建立在政府是平等参与主体上，在参与过程中可以通过对话和协商的办法与社会组织一起解决问题。对于社会组织而言，一方面要积极参与公共危机治理，另一方面还要在服务公众的过程中参与、接受公众监督。

受计划经济和行政化文化因素影响，我国的社会组织在组织形式和生存、发展方式方面有诸多不规范的地方，既不独立于政府，又不独立于市场，在双重不独立的状态下，还遗留下浓厚的行政化色彩。加上法律政策等方面的制度不健全、"大政府"思维的管控和支持不力、自身能力不足以及公信力不够等原因，社会组织的主观能动性发挥受制因素太多，在公共危机治理中往往处于附属地位，参与效率严重不足。

在公共危机治理问题上，社会组织与政府间的非对称、功能互补特质，决定了两者的强烈合作诉求。因此，正视"强政府、弱社会"合作的现实问题，要建立两者间的庇护型关系，助推社会组织参与公共危机治理。"推动政府从控制型到能促型转变，构建能充分体现平等双方优势共同参与危机治理的共同体。轻身份、弱控制，强化资源激励营造有利于NGO发展的能促环境。建立健全灾害救助力量整合的制度化平台和机制，建立相互间的分工协调机制，为NGO明确参与灾害救助的职责和路径。"[2] 致力推进公共危机治理政社合作的制度化平台和运行机制建设，加强治理过程中的分工协作机制研究，为社会组

---

[1] 张文成.德国学者迈尔谈西欧社会民主主义的新变化与"公民社会模式"[J].国外理论动态,2000(7):19-22.
[2] 林闽钢,战建华.灾害救助中的NGO参与及其管理：以汶川地震和台湾9·21大地震为例[J].中国行政管理,2010(3):98-103.

织有序参与公共危机治理明确职责，提供最优化路径，凸显社会组织在公共危机治理中的主体定位及其专业优势。通过公共危机治理的参与彰显使命担当，不断强化社会组织的专业技术水准，提升其救援能力和社会公信力，实现救援参与的可持续发展。

此外，需要特别注意两个问题：一是公共危机治理不同于普通的社会治理和公共服务，一切以实现公共危机治理的有序高效为首要目标。因此，无论哪一种合作层次，政府始终都应该是危机治理的最重要的主体，即便是协同增效阶段，政府更多地向社会组织授权和让渡空间，也并不意味着政府可以缺席，政府的核心作用更多地体现在"掌舵"，即掌管全局方面。二是中国有自己特殊的国情，国外的模式我们可以参考，但是绝不能照搬。"大难之下靠政府"，美国等西方国家在新冠疫情应对中的表现给这句话提供了一个极好的反面例证。如果政府在国家治理，尤其是重大公共危机治理中缺席，西方强大的公民社会的神话也会破灭。因此，我们未来的发展方向是不仅需要一个强大的社会，更离不开一个强大的政府。其实，就连弗朗西斯·福山也承认："在过去几年中，世界政治的主流是抨击大政府，力图把国家部门的事务交给自由市场或公民社会。但特别是在发展中国家，政府软弱、无能或者无政府状态，却是严重问题的祸根。"[1]

第二节 社会组织有序参与公共危机治理：基本原则

党的十九大报告指出，要打造共建共治共享的社会治理格局。"发挥社会组织作用，实现政府治理和社会调节、居民自治良性互动"[2] 社会组织不仅是公共危机治理不可或缺的角色，而且，将嵌入社会治理结构中，成为现代化建设不可或缺的治理力量。因此，社会组织有序参与公共危机治理必须遵循以下基本原则。

---

[1] 福山.国家构建：21世纪的国家治理与世界秩序[M].北京：中国社会科学出版社，2007：1.
[2] 习近平.决胜全面建成小康社会 夺取新时代中国特色社会主义伟大胜利——在中国共产党第十九次全国代表大会上的报告[M].北京：人民出版社，2017：49.

一、目标整合：社会组织自身目标与公共危机治理目标相结合

无论是社会组织还是其存在的多元主体协同的共同参与机制，利益诉求和目标实现是推动他们参与并尽心尽责的精神动力。多元主体协同参与的公共危机要想实现高效治理，则必须在关注危机治理公共目标的同时，关注各参与社会力量主体的个别目标及其特定利益诉求，在公共危机治理高效完成的同时，助力各社会组织的利益诉求和价值目标实现。社会组织作为社会力量中的重要主体，不仅要在公共危机治理中通过服务来体现公益和奉献精神的一面，同时，也要根据自身不同发展阶段的特定需要，借力参与公共危机治理表达自身的利益诉求。如除了信息、资源、财物等实际需要之外，社会组织还要通过参与公共危机治理来加强自组织系统内部的管理、资源优化和能力提升。同时，通过参与来扩大影响力，获取社会信任，积极推动自身的社会资本投资和积累。

然而，公共危机尤其是重大公共危机治理，其急、难、险和破坏性大等特点决定了不仅要做好前期预警及其相应准备、后续重建等相关工作，更要全力做好危机的紧急应对，在短时间内迅速决策，并相应做好人、财、物的调配工作。即使如此，紧急应对过程中因为信息、资源、沟通、组织协调以及诸多无法预见的问题等多方面原因，都可能导致社会组织参与过程中的信息不对称、资源不匹配、沟通不及时和对接不到位。因此，针对紧急应对过程中无法回避的问题，及其对社会组织参与的利益诉求和目标产生的影响，可能会直接导致社会组织的个体目标与公共危机治理公共目标的冲突。此时，社会组织的参与行为应以危机治理的公共目标为依归，从危机治理的大局出发，把公共利益放在首位。

社会组织在公共危机治理参与过程中还要充分认识到，危机参与不仅是每个主体的权利，更是一种责任。此时应该从多主体协同角度出发，以公众的生命、财产等公众利益最大限度得以保护为共同目标，努力做到局部服从整体、个别服务组织等基本要求，把社会组织个别主体的自身利益诉求、价值实现，与公共危机治理的整体目标紧密联系起来，始终不忘社会组织服务公众、奉献社会的初心，实现自身目标与公共危机治理整体目标的有效结合。

二、体系完善：借鉴外来与立足本土相结合

危机管理是西方政治学研究的传统课题，西方国家不仅在理论研究方面相

对成熟，在危机治理实践方面也积累了比较丰富的经验。在美国、英国、法国、德国、日本等发达国家，社会组织参与公共危机治理不仅成为学界普遍共识，而且频繁见之于公共危机治理的实践过程中，并形成了各具特色的NGO参与公共危机治理的模式。较之于西方发达国家，我国的公共危机治理起步较晚，无论是理论研究还是实践探索都存在极大的发展空间。在整个世界已然成为"命运共同体"的今天，学习和借鉴国外社会组织参与公共危机治理的研究成果和实践经验无可厚非，也很有必要。

但是对于我们研究者和公共管理者而言，面对西方的做法和经验不能失去理性思考，尤其要避免两种倾向：一方面，我们不能故步自封，对西方的研究成果和实践经验一味排斥，刻意否定。为此，必须认识到，尽管中国和西方国家在历史文化、政治制度等方面存在很大的差异，西方NGO参与危机治理的模式并不一定完全适用于中国现今的国情，但是客观而言，运用马克思主义的基本观点来考量西方的研究成果和实践经验，仍然在一定程度上具有跨地域、跨文化的普遍意义和参考价值。因此，我们需要以开放的心态，理性审视与借鉴西方的研究成果和实践经验。另一方面，我们更需要防范对西方模式不加选择、盲目照搬的激进主义心态。西方NGO参与公共危机治理的模式根植于西方特定的历史文化和政治经济传统，对其治理实践和模式探索需要有甄别地借鉴。在这方面，我们应该依据我国现实国情把握关键两点：一是要考虑在中国的现实国情下，西方NGO危机参与模式中有哪些理念和做法是我们可以借鉴的。二是要认真思考，在可以借鉴的理念和做法中，能借鉴到什么程度？尤其是如何根据中国的实际对西方经验进行合理创新？

事实上，"现代社会并不单纯是现代的，而是现代加传统的"[①]。任何国家在其传统文化的母腹中都有可能产生现代意识的基因。因此，我们在关注国外社会组织参与公共危机治理好的做法和经验的同时，不能忘记中华民族自己的文化宝库，还要立足于本国实际和历史文化传统，从中华民族几千年的传统文化中汲取合理内核和优秀成分，从我国公共危机治理实践中去总结经验，从而做到"吸收外来，不忘本来，面向未来"。

三、方法选择：政府主导与多主体协同原则

公共危机治理是一个综合要求较高的活动，其突出特点是时间紧迫，任务

---

① 布莱克.比较现代化[M].杨豫,陈祖洲,译.上海：上海译文出版社,1996：54.

艰巨，责任重大。政府是公共危机治理天然的最大责任主体，但是仅靠政府显然已经无法应对日益复杂化、常态化的公共危机。社会组织应该充分运用协同学理论的智慧，在公共危机治理中强化协同意识，建立和完善政府主导下的社会多元主体协同参与机制，切忌单打独斗。要加强与其他参与主体的常态化沟通与配合，推动多元主体参与以实现"1+1>2"的效果。

社会组织应该成为推动并完善协同机制的积极倡导者和参与者。首先要加强与政府间的沟通与协同，加强政策、资源、信息等方面的互通和有效对接，有力推动公共危机治理过程中的上情下达和下情上达工作，为政府全面、系统把握公共危机治理全局创造条件。其次要加强与其他社会组织的合作，借力同行间的交流、借鉴，实现优势互补，促进相互间参与能力、水平的共同提升。再次，要加强与企业间的沟通和联系，最大限度争取资金、资源和技术等方面的支持。最后要努力争取广大社会公众的信任与支持，推动人力、信息、资源等最大化获取，实现治理过程中的时段、渠道和需求等方面的最优化配置，以及参与效益和治理效果的最大化。

四、效能提升：民主和效率相结合，效率优先

民主与效率相结合的理念，在公共危机治理中同样不例外。公共危机治理过程中，为参与的每一个主体或个人提供平等的参与机会和权利，是完善公共危机治理机制的基本要求。只有这样才能在最广大的范围内听取各主体的意见、建议和相关策略，在追求治理民主的过程中关注效率。作为公共危机治理的主导方，政府要保证各参与主体的充分参与，在有效回应各方参与诉求的基础上体现民主，以激发各主体的参与热情，调动其主观能动性。

但值得注意的是，在公共危机治理过程中，民主和效率博弈所追求的平衡和合力张力，同样是个难题。美国劳奇教授指出："理想的行政具有弹性、迅速、省钱、有创造力、有活力及公平的性质。"[①] 公共危机治理的法律、政策和应对策略制定过程中，民主和效率的博弈终极目的都是为了最大限度地保护生命，减少公众财产损失。因此，针对不同类型的危机或是危机的不同时段，民主与效率间始终是一种动态的平衡。如相对而言，前期预警、后期重建与应对阶段的紧急程度有明显差异，前者在民主与效率方面的结合程度更好，而在危机应对阶段，则以救护生命为最高追求，此时的效率更为重要。公共危机治

---

① 罗传贤.行政程序基础理论[M].台北：五南图书出版公司,1993：124.

理的这一特点在重大公共危机治理过程中则更为明显，因为在众多生命面前，效率能体现出最大的公平和正义，此时的效率与民主之间可以实现最好的包容和相互转化。在这个问题上，无论是西方国家还是中国，答案都是一致的。因此，在公共危机治理中民主和效率相结合问题上，一旦出现非此即彼的选择，则需要把效率放在首位，以体现对生命、对公众利益关注的不二选择。

五、价值实现：关注多数和聚焦少数相结合的原则

公共危机治理的价值追求，以及当下的多元主体协同治理趋势，其本质就是实现公共利益的最大化，即最大限度救助生命，把危机对人的影响和财物损失降到最低，这一点已经成为国内外共识。无论是对于政府还是社会组织，都是累积社会资本，获得社会公众信任的基本条件，也是公共危机治理的价值追求。但这种共识并非意味着危机治理中多数人可以替代少数人的利益，或者忽视或无视少数人的利益，特别是处于危机中的弱势群体，他们往往更需要关注。

多元主体参与的协同治理，更强调参与或服务的异质化，特别是相对于政府而言，公共危机治理，特别是在重大危机、现场救援过程中，有限的时间精力无法兼顾到所有人。因此，社会组织应该充分认识到政府在公共危机治理中的决策及实施实际，结合自身的灵活性、专业化的特点和优势，在关注大多数人的同时，还要主动做好查漏补缺的工作。"社会组织在危机中能够将触角伸至易被政府忽视或政府无力顾及的细节和角落，关注特殊需求，关注危机中的少数，关注危机中的弱势群体和边缘群体，从而消除危机治理的死角。"[1] 公共危机治理，特别是应对过程中，要从政策、资源、信息等多方面给予重视，甚至倾斜，真正让那些远离灾害核心区域的偏远地区、媒体关注不足地区以及其他容易被忽视的角落得到有效救援，让少数人群体同样感受到公平正义，体现多元协作的全面、系统性优势。同时也要让那些在处理危机中有特殊需求的少数群体，以及老人、儿童、残疾人、语言不通等弱势群体感受到救援带来的温暖、党和国家的关爱，彰显危机治理的人文关怀。

因此，针对不同类型的危机，相应的社会组织应该在危机的各阶段加强救援过程中的信息收集、调查走访和沟通交流，并做好相应人群与机构的对接工作。"与政府间接性的保护相比，社会组织能够进行更加贴近现实的沟通，提

---

[1] 金华.我国公共危机治理的挑战与回应：社会组织参与的视角[J].甘肃社会科学,2019(4)：169-175.

供更加实际的帮助。对弱势群体进行的合理分类,尤其是突出对孤寡老人、未成年人、残疾人、受灾群众的帮助和保护,极大地促进了社会资源的合理配置"[1],让公共危机治理真正实现既能关注多数,又能兼顾少数。

第三节 社会组织有序参与公共危机治理:目标指向

要突破我国社会组织参与公共危机治理的现实困境,还必须思考如何在应然层面明确我国社会组织危机参与的目标指向,因为唯有明确社会组织危机参与的发展方向,方可进一步探索实现应然目标的路径创新。

一、自主、有序参与

(一) 自主参与

自主参与是指在公共危机治理过程中,社会组织主动积极参与而不是在政府或其他组织的号召和动员下被动地参与危机治理。由于受国家在社会组织管理方面的法律和政策等多方因素影响,以及社会组织,特别是草根社会组织当前能力实际,许多社会组织在危机之初往往处于观望或等待状态,导致了目前我国危机治理中存在社会组织动员参与的现象。在SARS疫情防控过程中,大量的人员需求及其实现,事实上都是通过各种渠道的动员实现的,社会组织在这个过程中,虽然有一部分自主参与,但还有相当多的社会组织表现被动。新冠疫情防控同样是在许多临时颁布的政策激励下,才成功动员社会力量参与,自主参与和实际需要还有相当差距。因此,要实现公共危机的高效治理,短期内采取政府适当引导、动员社会组织参与也许是有效手段之一,但从长远来说,归根到底要靠社会组织发自内心地自愿参与危机治理,而不能仅仅依靠外在的要求。

(二) 有序参与

狭义的有序参与是针对社会组织在危机参与过程中是否遵循一定的规则和程序而言的,严格按法律规定的方式、渠道和程序参与公共危机治理,不存在

---

[1] 孔金平,刘彤.国家治理体系中的社会组织:西方理论和中国经验[J].天津行政学院学报,2017,19(4):90-95.

由于参与渠道不畅而通过制度外的方式和渠道参与的现象。

有序的政策参与"在政府和公民之间架起一座沟通的桥梁，稳妥地矫正政府决策行为和公民的意愿与选择之间的矛盾，进而使政治体系能够平稳地、有效率地运转，人民能够安居乐业"[①]。而无序的政策参与却可能引发公民非理性、负面的举动和行为，进而影响社会公共秩序。当然，我们必须清楚的是，有序的参与未必有效，但有效的参与则必定有序。因此，有序参与是有效参与的基础和前提。

有序参与对社会组织而言，即在参与公共危机治理时，社会组织的参与行为必须符合宪法和法律的相关规定，参与方式要合乎法律程序，同时对政府的利益整合政策有足够的理解与认同。具体体现为：

1. 合法参与

社会组织参与要符合法律规范。有序必然要求合法，这里的合法包含两层含义：第一，社会组织参与危机治理要有法律依据。目前我国社会组织参与公共危机治理的法律依据主要来源于《中华人民共和国突发事件应对法》《慈善法》《救灾捐赠管理办法》等法律；政府法规，如对社会组织管理的"三大条例"、《国家突发公共事件总体应急预案》《国家自然灾害救助应急法案》；党的政策，如近些年以来党的历次党代会报告、五年规划中的有关规定。第二，社会组织参与方式要合乎法律程序。从某种意义上说，社会组织有序参与更主要的是指参与要按照程序要求进行，便于公共危机治理过程中了解、统计社会组织的参与情况，进行相关信息、资源的统筹和后续工作协作、引导。

2. 制度化参与

社会组织参与的制度化就是指社会组织参与危机治理的组织和程序等，通过社会组织参与行为的反复重现，作为行为模式固定下来的过程。制度作为一种行为模式，其基本特点是比较稳定，人们对其产生的结果能够有一个合理的预期，因而制度化的政策参与必然是有序的参与。

当前，在我国社会组织有序参与危机治理的法律、程序方面，我们还有许多工作要做，在实践中也存在着许多无法可依、有法不依、违反公民参与程序的做法，既有政府方面的因素，也有公民方面的问题。当务之急就是要制定一部专门的社会组织参与法，将社会组织危机参与纳入规范、有序的轨道。当然，因为公共危机治理是一项特殊的工作，特别是紧急应对时，不确定因素较

---

① 杨福忠.公民政治参与法治化与社会稳定[N].学习时报,2001-10-08.

多，在有序参与问题上，要避免将公共危机治理过程中的社会组织参与的有序性绝对化、机械化和片面化，以更好地提升危机治理成效和确保公众利益保护的最大化。

二、深度、有效参与

从社会组织危机参与的实际效果来看，参与可以分为有效参与和无效参与。社会组织危机参与不仅要规范、有序，而且要有效，切忌肤浅化、外围化和表层化。对公共危机治理而言，社会组织有效参与包括：

（一）有效的参与形式和参与渠道

公共危机治理是个复杂过程，包括从平时的各种准备，到危机产生前的预警、紧急应对和后期重建。不同的社会组织可依据自身的专业优势和实际能力选择参与，当然，作为主导的政府也可以根据社会组织参与的总体情况对参与力量进行统筹，实现资源的最优化配置。无论是前期的教育、培训、引导，危机应对过程中的紧急救援，还是后期的调研、评估、反馈和重建等诸多方面，都希望社会组织的参与能与治理的实际需求实现资源的最优配置，用各自方便、易于获得的有效形式参与到公共危机治理过程中。

为了保障社会组织参与的有效性，需要政府提供畅通、迅捷的参与渠道，加强政府与社会组织的沟通、联络，构建相应网络，建立危机紧急应对机制，从法律、政策层面做出相应规定，并在可能条件下出台相应细则，便于危机发生时及时启动。建立不同等级、类型的应急救援通信网络平台，便于下情上达、上情下达。这样，社会组织只要克服较少的障碍、付出较低的成本便可行动，最有效地实现参与目标而不使自己的参与成为无效行为。

（二）充足的信息、充分的沟通和协调

公共危机治理是庞大的系统工程，随着危机复杂性和治理要求的不断提高，其高效治理实现必须依靠信息的充分、有序流动。尽可能全面地掌握信息是实现多元治理高效协同的基本要求，而政府作为主导机构，其对信息的收集和把握程度，直接决定了治理的决策科学和理性程度，会对信息、资源的统筹、配置产生重要影响。因此，在公共危机治理参与过程中，社会组织要根据治理实际需要，从大局出发，及时、准确、完整地将自身所获得的信息数据与其他主体，特别是政府主体进行充分沟通和协调，并在此基础上获得准确、翔实的参与信息，以有效解决问题，基本实现参与的预期目标，实现实际的参与

效果，推动社会组织参与的有效性提升，不至于流于形式。

当然，公共危机治理过程中的信息沟通与协调还必须注意无效信息、虚假信息的传播，因为虚假信息很容易成为谣言的温床，造成"二次危机"，给危机治理带来新的压力。强化信息和数据的真实性意识，需要人们及时用真实信息规避虚假信息，戳穿谣言，还危机信息原来面目，更好地推动危机治理过程中的沟通和协调工作。

（三）社会组织拥有参与的专业能力和素质

美国 2011 年发布的《国家灾害恢复预案》中提出八个核心能力：规划能力、公共信息和预警能力、协同作战能力、经济恢复能力、卫生和社会服务能力、提供住房能力、基础设施系统能力、保护自然和文化资源能力[①]。表面上看，有的能力只是辅助型的能力，但事实上随着公共危机发生源头的日益复杂和治理要求的不断提升，好多在原本看来只是辅助型的能力，因为救援技术要求的变化而逐步转化为专业技术能力，"八个核心能力"事实上是对公共危机治理过程中社会组织参与能力要求的高度概括。

公共危机治理的能力要求，不仅表现在需要强化社会组织的日常管理和前瞻预警能力上，还表现在其对参与的持续性要求中。这一过程不仅仅是简单劳动，在其发生、发展的各个阶段，在知识和技能方面都对社会组织参与有明确要求。包括社会组织的自组织系统在日常管理中独自运行的自我管理能力，如日常准备工作中的教育、培训及相应的知识储备能力，以及在此基础上形成的向心力、凝聚力；应急参与中的动员能力、筹资能力、沟通协调能力、信息收集获取能力；参与公共危机治理的公众认同、经验积累；对危机应对场景的研判、决策和救援实践等专业能力和基本素质的要求，以及危机治理后期的重建恢复能力，包括后期的信息搜集、心理辅导、资源提供、技术支持、持续跟踪等。

当然，公共危机中要保护的不仅是有形财产，还有许多无形财产同样需要在危机中得到保护。这一观念要求人们对无形财产有知识上的储备，在实践中对可能造成这些无形财产危害的因素要有较好的判断和应对能力。社会组织只有具备了公共危机治理的专业能力和参与的基本素质，把实现公共利益最大化作为其价值追求和强大动力，才能在危机参与过程中充分发挥自身的主观能动

---

① FEMA. The National Disaster Recovery Framework[EB/OL]. https://www.fema.gov/media-library-data/1466017528262-73651ed433ccfe080bed88014ac397cf/InformationSheet_Recovery_Framework.pdf.

性，真正实现深度、有效参与。

三、适度、均衡参与

社会组织参与危机治理具有潜在优势与独特功能，不仅可以使危机治理过程更加民主，而且更加有效。然而我们应该看到，"民主决不是永远正确或确定的"①，"即使是最佳的民主制也必然是不完善的，民主永远无法具备充分的民主性"②，尤其是在特定的环境下，可能出现民主"失效"。同样，社会组织参与也不是万能的，并不必然对危机治理产生积极的影响。由于社会组织自身的不完善和各种外部条件的不成熟等原因，志愿也会失灵，给危机治理带来负面影响。因此，民主必须节制，必须贯彻一种有限的、有边界的民主；参与也必须适度，必须贯彻一种适度、均衡的参与。在公共危机治理中，社会组织适度、均衡的参与主要体现在四个层面。

（一）参与必须与危机治理制度化水平相适应

公共危机治理是一个不断进步的过程，这种进步不仅体现社会组织本身的发展，还与当下社会组织参与危机治理的制度化水平密切相关。"在缺少有适应能力的强有力政治制度的情况下，参与的扩大意味着不安和暴力。"③ 目前，我国社会组织参与的制度化尚需不断完善，如果不顾实际盲目扩大参与，大量的信息、要求和压力的输入，将使政府不堪重负，疲于应付。而且，盲目扩大的参与所特有的难以控制的张力常常会转化为具有负效应的破坏力，从而严重影响公共危机治理的有序与成效。因此，社会组织参与危机治理必须与当前的危机治理制度化水平相适应，要根据危机治理制度化程度的不断提高循序推进，盲目和冒进只会适得其反。

（二）参与必须与不同危机类型相适应

公共危机诱因复杂，种类繁多，有自然灾害危机、事故灾难危机、公共卫生危机、社会安全危机等，不同类型的危机在参与时机、参与方式、参与程度和参与范围等方面的选择不尽相同。

例如，不同危机类型在参与时机的选择上不尽相同。有的危机需要尽早介入，如灾害性危机，一旦发生往往需要在第一时间应对，甚至需要将社会组织

---

① 赫尔德.民主的模式[M].燕继荣,译.北京：中央编译出版社,2004：324.
② 达尔.民主及其批评者[M].长春：吉林人民出版社,2006：240-241.
③ 亨廷顿.变动社会中的政治秩序[M].北京：华夏出版社,1988：47.

参与的时机前移，在萌芽阶段进行危机预警，并参与危机应对前的动员和准备工作，待危机发生时可以第一时间进入紧急应对状态，把损失降到最低。有的危机无法也不适合在第一时间大规模参与，如新冠病毒引发的重大公共卫生危机，除了相当专业的社会组织可以在第一时间参与外，其他的社会组织则需要根据实际谨慎参与，在情况不明的时候要保持距离，或在政府部门指导下适度参与，避免盲目从事。有的危机如恐怖袭击、事故灾难等，社会组织参与的时机也更多集中在后期对受心理创伤的群体进行心理援助上，甚至需要专门的心理援助机构给予长期持续治疗和关注。东日本大地震、汶川地震中都有不少人的心理创伤至今无法消除。此外，如群体性事件则更需要社会组织在冲突发生后，结合自身的专业能力和优势，在公众和政府之间做好上情下达和下情上达工作，发挥自身的桥梁和纽带作用，为政府化解矛盾做好缓冲。

因此，参与必须与不同危机类型相适应，应该根据危机的不同类型选择合适的参与时机、参与方式、参与程度和参与范围。当然，即便是同一类型的危机，在危机不同阶段，社会组织的参与方式、参与程度和参与范围也是有差异的，具体采取何种参与策略要以危机应对的实际需求为准。

（三）参与必须与社会组织自身的能力和素质相适应

公共危机治理是具有鲜明目标导向的活动，"如果公民相关的知识储备、参与能力和水平与政策参与所需相去甚远，不宜盲目地鼓励、扩展公民的政策参与，否则，不仅可能导致无效的形式主义参与，甚至可能带来负面的影响"[①]。社会组织在参与公共危机治理过程中，应该对自身的能力和素质有清晰认知，而不能采取天真、幼稚的乐观主义态度，否则不仅不能达成治理目标，反而容易带来次生危机。汶川地震初期的救援就是一个鲜明的例证，虽然大量社会组织涌入灾区，但是多为常规人力资源，真正具备救灾能力和素质的专业社会组织相当少，远远不能满足现场救援的需求。而诸如心理援助、沟通协调、恢复重建等工作，则更需要社会组织在心理咨询、谈判沟通以及重建技术相关的专业人士参与。

因此，参与必须与社会组织自身的能力和素质相适应，如果不顾自身能力，只凭一腔热情盲目参与，不仅参与成效有限，甚至可能出现自己沦为次生灾民的尴尬情形，结果不仅没帮上忙，反而添了乱。

---

① 金华.公民政策参与：实然描述、应然指向及行为改善[J].地方治理研究,2021,23(1)：13-26.

(四) 参与还需持有适度期望值和理性态度

适度参与不仅意味着参与的时机、方式、程度和范围是有限度的，还意味着持有较适当的期望值和理性的态度。"期望值过高或非理性参与都可能导致参与无效或参与失控。"① 期望值过高或非理性参与往往只是社会组织自身的单方面想法和行为。公共危机治理是系统工程，多元主体参与的根本要求是协同合作。因此，每一个社会组织参与的期望值都必须与公共危机的整体期望一致，如果出现偏差则需要在实际参与过程中根据危机治理实际不断地动态调整自身期望，并用理性的态度看待自身在多元协同中的角色差异和价值实现。不同危机和危机的不同阶段对主体的专业要求和优势选择不同，决定了不同社会组织在危机中作用的主次程度存在差异，但这并不影响其在参与中的主体角色。因此，社会组织在参与过程中要充分认识到这一点，理性对待自身在治理过程中的作用发挥及相应的角色期望，在多元主体协作中做好自己的分内事务。

因此，追求适度、均衡的参与应成为社会组织参与公共危机治理的现实目标。不同类型的危机中，参与时机可能有差异，参与的方式范围可能不一样，介入的程度也有所不同。因此，根据多元协作共治机制的实际需求，鼓励、引导和规范社会组织根据自身专业方向和能力优势，理性选择参与时机、参与方式、参与程度和参与范围，如此，既可以有效满足公共危机多元治理的需求，也可以为公共危机治理进行制度完善和制度创新留下较为广阔的空间和时间。

四、渐进、动态参与

随着公共危机发生的常态化、多样化与高度复杂化趋势日益明显，构建多元参与的公共危机协同治理体系已然成为我国公共危机应对的必然选择。实现公共危机治理的有序和高效，不仅需要一个强大的政府，也需要一个成熟的社会。社会组织因其独特的优势与功能必然成为我国公共危机治理的重要主体，但公民参与有其自身发生发展的历史逻辑和运行规律，社会组织危机参与的理想目标的达成不可能一蹴而就，而是一个循序渐进的动态发展过程。

事实上，即便是社会组织危机参与比较成熟完善的发达国家，其社会组织参与也都经历了一个从低到高、动态渐进的发展过程②。在此过程中，随着西

---

① 金华.公民政策参与：实然描述、应然指向及行为改善[J].地方治理研究,2021,23(1)：13-26.
② 金华.公民政策参与：实然描述、应然指向及行为改善[J].地方治理研究,2021,23(1)：13-26.

方公民社会的日益成熟、社会组织参与能力和参与水平的不断提升，社会组织的参与层次、参与深度、参与范围和参与方式持续优化，实质影响力不断增强。

由此可见，社会组织危机参与不是一个孤立现象，有其运转的生态环境。社会组织危机参与的有序推进要受到危机参与的制度环境、公民参与意识、社会组织参与能力和水平、社会心理文化等诸种因素的制约。中国特色社会主义民主政治体制是一种全新探索，国家政治体制和经济社会都处于不断发展和完善的过程中，受历史和现实条件限制，目前我国社会组织危机参与的诸项条件还不可能在短期内迅速成熟，需要在实践中不断优化要素、完善机制，循序渐进地探索构建适应本国国情的危机治理模式。

民主为效率和公共利益而生，历史上无数的事实证明，民主进程的推进"欲速则不达"。民主既是一个广泛的东西，又是一个具体的东西，它的发展不仅受客观因素限制，同时受主观条件限制。逾越历史条件盲目地扩大民主必然会付出沉重的代价，离开了公民本身的民主意识、能力和水平来讨论扩大民主，同样是形式化的空中楼阁。因此，我国应在国家现代化治理能力的不断提升、社会主义民主进程的持续推进、社会组织的不断壮大和成熟以及公民意识的不断增强过程中，审慎、循序渐进地提升社会组织危机参与的层次，努力实现社会组织参与公共危机治理的优势最大化、风险最小化。

第六章

社会组织有序参与公共危机治理的路径突破

突破我国社会组织参与公共危机治理的现实困境，稳步推进社会组织有序高效参与公共危机治理是本研究的应然目标。基于当前我国社会组织危机参与的现状和公民参与自身发展的内在逻辑，并理性审视国外公共危机治理中社会组织参与实践，是有序高效推进我国社会组织危机参与系统工程，探索多维突破、合力共进的必然路径。具体而言，应从政府层面、社会组织层面、社会心理文化层面以及合作网络层面寻求突破和创新。

第一节 营造良好的法律、制度环境：基于政府层面的分析

新制度经济学派代表人物道格拉斯·诺思将制度定义为："制度是一系列被制定出来的规则、守法程序和行为的道德伦理规则。"[①] 制度规则一旦被制定和确立，它对生活于其中的所有社会成员的行为就具有规范、约束、容许和激励作用。具有高度复杂性、自治性、适应性和内聚力的制度环境，是社会组织有序高效参与公共危机治理的基础性条件。而如前所述，制度困境正是目前制约我国社会组织参与公共危机治理的一大瓶颈，因此，要推动社会组织的危机参与朝着有序、理性而高效的方向发展，首先必须营造有利于社会组织参与公共危机治理的良好的法律制度环境。

---

① 诺思.经济史中的结构与变迁[M].陈郁,罗华平,等译.上海：三联书店,1991：225-226.

一、完善社会组织参与公共危机治理的法律保障

一般而言，公民参与是否得到有效的法律保障可从三个方面进行考量：第一，是否从法律上明确公民在国家治理中的主体地位和参与权利；第二，是否以法律形式对公民参与的形式、内容、具体步骤等进行程序性确认和规范；第三，对公民参与行为是否有相应的支持和惩治的法律规定。综观我国现行宪法和法律，虽然都有社会组织参与的相关规定，但是总体而言，对社会组织参与的法律保障仍显不足。因此，完善我国社会组织参与公共危机治理的法律保障可以从这三个层面展开。

（一）从法律上进一步强化社会组织参与国家治理的主体地位和基本权利

我国宪法和基本法中都有对公民在国家治理中的主体地位和参与权利的相关规定，但是如前所述，存在着三个突出问题。一是这些规定多为针对全体公民的原则性规定，笼统宽泛且比较分散，并不能突出社会组织的主体地位和参与权利。二是无论是作为国家根本大法的《宪法》，还是《中华人民共和国突发事件应对法》等专门法，在明确公民在国家治理中的主体地位和参与权利时，都更多地从公民义务的角度来表述，例如《中华人民共和国突发事件应对法》指出，"公民、法人和其他组织有义务参与突发事件应对工作"[①]。三是社会组织参与危机治理的相关法律位阶低，有不少都是以"条例""意见"等政府法规的形式出现。这些问题的存在一定程度上淡化了社会组织在危机治理中的主体地位，削弱了对社会组织危机参与基本权利的保障。基于以上三个问题，如何应对呢？

首先，宪法和基本法在强调公民义务的同时，应突出对包括参与权在内的公民权利的保护。要进一步明确社会组织参与危机治理既是公民应尽的义务，也是公民的基本权利，而不是因过分强调义务而在客观上弱化对社会组织危机参与基本权利的保障。尤其是作为国家"根本大法"的《宪法》理应首先承担起这项重大而神圣的职责。

其次，加快制定专门的社会组织参与法或公民参与法。《中华人民共和国突发事件应对法》是我国公共危机应对的专门法，但并非社会组织参与公共危

---

① 中华人民共和国突发事件应对法[EB/OL].中央政府门户网站,2007-08-30.

机治理的专门法，该法涵盖范围太广且程序性规定缺失，对社会组织参与危机治理的规定相当有限，难以适应当前社会组织危机参与的现实需求。因此制定一部统一的社会组织参与国家和社会治理的专门法或相对宽泛的公民参与法，来赋予社会组织在公共危机治理中的权限和地位，已是当务之急。鉴于立法程序的复杂，现阶段我们也可以先行展开对《中华人民共和国突发事件应对法》的修订，突出社会力量尤其是社会组织在危机应对中的主体地位和重要作用。

最后，加快推进《社会组织法》的立法议程。目前我国还没有专门针对社会组织管理的统一法律，只有对社会组织进行登记管理的《社会团体登记管理条例》《民办非企业单位登记管理暂行条例》和《基金会管理条例》。这三个条例从严格意义上说并不是法律，只是国务院颁布的行政法规。2020 年就已经列入民政部立法工作计划的《社会组织登记管理条例》，虽然统一了对社会组织的登记管理，但仍然是"条例"形式，并未上升到法律层面，且何时能够出台还未可知。2016 年《慈善法》的出台，使我国在社会组织立法方面跨出了重要一步，学界也开始了对《社会组织法》的立法研究[①]，在此基础上，应加快推进《社会组织法》的立法议程，以适应日益增长的社会组织参与国家和社会治理的现实需求。

（二）以法律形式对社会组织参与危机治理进行程序性确认和规范

社会组织危机参与的基本权利需要通过切实可行的程序性规范加以保障和落实，社会组织危机参与的意识和能力也需要通过程序化的训练方能得以增强。然而，长期以来重实体规范、轻程序细节一直是我国法治建设中的通病。我国现行法律体系对社会力量参与公共危机治理的相关规定多为宏观层面的原则性规定，普遍缺乏具体可操作的程序性规范。程序性规范的缺失使得现阶段我国社会组织在危机参与中缺乏有效的规制和引导，制度化参与渠道不畅，不仅可能导致参与无序和低效，甚至可能引发非理性参与。因此在现阶段，我们必须重视社会组织危机参与的程序建设，以法律形式对社会组织危机参与的形式、内容、具体步骤等进行程序性确认和规范。

相对而言，西方国家在社会组织危机参与的法治建设方面，普遍比较重视参与的程序性设计。例如，日本的《灾害对策基本法》就是一部比较完善的有关危机治理的基本大法，该法在明确了 NPO 在危机治理中应承担的责任和义

---

① 喻建中.社会组织法立法研究[M].北京：中国社会科学出版社，2017：35.

务的同时,详细规定了 NPO 参与灾害应对的形式、内容、渠道以及具体的运行机制等,具有很强的可操作性。而作为我国紧急状态法令的《中华人民共和国突发事件应对法》却由于种种原因很多内容都被精简,特别是社会组织危机参与的形式、内容、具体步骤等程序性规定严重缺失。因此,我们可以参考西方国家的成熟做法,结合我国的现实状况,适度借鉴他们的有益经验,以增强我们程序法制定的科学性和预见性。最理想的状态就是在《社会组织参与法》和《社会组织法》中对此进行明确而详尽的设计与规范。

(三) 完善对社会组织危机参与支持和惩治的法律规定

一方面,要从法律层面对社会组织参与危机治理予以保障和支持。美国《斯坦福法》就规定:当灾害发生时,地方 NGO 如果参与灾害救援活动,可以向联邦应急管理局申请补偿[1]。《美国加利福尼亚州应急服务法》规定了危机中加入服务的志愿人员的责任豁免[2]。纽约州还制定了专门的《美国纽约州志愿消防员抚恤法》,对志愿消防员在危机救援中死亡或受伤后的经济及其他利益进行补偿。这些做法为国家从法律层面对社会组织参与危机治理给予保障和支持提供了诸多有益启发。我国于 2017 年 8 月颁布的《志愿服务条例》对促进志愿服务提供了多角度的激励措施[3],虽然是以"条例"形式颁布,但是为我们推进志愿服务系统化建设,进一步完善社会组织危机参与的法律和政策保障创造了条件。

另一方面,对于侵害社会组织参与权利的行为要有惩治的相应法律规定。在危机参与实践中,一些侵害社会组织参与权利的现象时有发生,甚至少数政府官员的行为也妨碍或限制着社会组织行使参与权利,尤其是在地方层面,这些行为往往会造成参与梗阻。而现行法律对于这些现象的惩治缺乏相应规定,这些现实反过来又可能导致一些政府官员更加有意无意地忽视社会组织参与,从而形成恶性循环。因此,完善社会组织危机参与支持和惩治的法律规定极为必要。一言概之,在危机治理中,凡是有社会组织参与的领域,都应该有相应的法律进行监督。如此,社会组织有序高效参与公共危机治理才有强有力的法律保障。

---

[1] Ann Angel Heart. Reimbursement of Local Private Nonprofit Organizations Under the Stafford Act[EB/OL]. 2006,1(4):1-2 HTTP://digital.l library. Hunt. ed u/gov docs/curs/hyperlink/me-crs-9223:1.
[2] 万鹏飞.美国、加拿大和英国突发事件应急管理法选编[M].北京:北京大学出版社,2006:102-110.
[3] 志愿服务条件[EB/OL].中国政府网,http://www.gov.cn/zhengce/content/2017-09/06/content_5223028.htm,2017-08-22.

二、健全社会组织危机参与的制度支持体系

（一）聚焦社会组织准入，为草根 NGO 身份"转正"

我国现行法规对社会组织的登记管理实行"双重管理"制度，这种"双重管理"制度大大提高了社会组织登记的门槛，尤其是将大量草根 NGO 挡在门外。2012 年"两会"时的数据显示，社会组织登记率每年净增长 2%，九成社会组织"非法"，有专家称中国 300 万社会组织中 9 成处于"非法状态"，当时的社会组织的登记率每年净增长仅维持在 2%～3%[①]。直至 2021 年 1 月，登记入库的社会组织数据共为 901 315 个[②]。从登记数据的今昔对比可以想见，草根社会组织的准入依然是我国社会组织登记管理制度改革最大的难题。

历次公共危机治理中，都有大量的草根 NGO 因为身份合法性问题导致参与困境。要解决大量草根 NGO 身份合法性问题，最根本的办法就是降低社会组织登记的门槛。其实早在 2012 年"两会"期间，时任总理温家宝就明确提出了拓展社会组织直接登记范围的要求。此后，北京、深圳等不少省份都相继开始了社会组织登记管理制度的探索，2016 年《慈善法》的出台让我们看到了突破社会组织双重管理体制痼疾的希望，目前正在修订的《社会组织登记管理条例》也让我们对此抱有期待。但破除旧体制的难度远超人们的想象，总体看来，现实情况并未得到明显改观。

因此，目前最重要的是加快《社会组织法》立法进程，从人大立法层面对包括登记管理制度在内的社会组织的全面管理进行顶层设计和规范。但是鉴于立法程序的复杂性，《社会组织法》短期内不一定能问世，社会组织的登记管理制度的创新仍然任重而道远。因而针对当前社会组织危机参与的实际需要，可以采取一些过渡性的办法，多角度助力草根社会组织"转正"。

一是对于尚未注册登记，但是已经具备一定条件的草根社会组织，政府可以推动他们与已注册的社会组织进行合作，为他们提供合适的准入身份。

二是对于有登记注册意愿，但是自身能力和条件还未达到准入门槛标准的草根社会组织，政府可以通过对他们进行培训、加强管理的办法，助其提升自身能力、完善各项条件，为他们下一步的注册准入做好准备工作。

三是对于那些既不具备准入条件，目前也无注册意愿的草根社会组织，不

---

① 林衍.社会组织登记率每年净增长 2%　9 成社会组织非法[EB/OL].腾讯公益,2012-03-28.
② 我国社会组织总数破 90 万个[EB/OL].慈善公益报,2021-01-26.

能完全置之不理，而要最大限度鼓励他们，并创造条件让他们摆脱尴尬身份，积极参与到国家治理体系中来。

(二) 加大扶持力度，增强社会组织危机参与能力

首先，加大对社会组织的资金扶持。当前我国社会组织危机参与面临突出的资源困境，其中资金不足是最大的问题。尤其对于大量草根 NGO 而言，由于并不具备接受社会募捐善款的法律资格，经费只能来源于个人捐赠、上游基金会或者国外的资助，资金不足的问题尤其突出。因此，来自政府的资金支持对实现社会组织有序高效参与危机治理便显得十分必要。

美国的研究者曾经认为美国的 NGO 是独立利于政府的，但实际上美国各级政府对 NGO 资助数额相当巨大，尤其是当危机发生时，资助力度更是有增无减；英国全国志愿组织理事会 (NCVO) 数据也显示，政府赠款是志愿部门发展的关键驱动力[①]；日本 NPO 收入的主要来源之一也是政府部门。因此，我们可以借鉴西方国家政府的理念和做法，构建多样化的、合理有效的政府扶持体系。例如，政府可以直接向社会组织进行财税拨款；给予社会组织税收优惠和减免；由政府出资购买社会组织的服务；以公私合营形式设立各种基金；还可以通过政府监督、社会组织具体运作的方式将部分社会服务委托给社会组织等。通过这些多样化的资助方式加大对社会组织的资金扶持。其实在汶川大地震后，我国政府在这些方面已经进行了一些有益的尝试，但扶持的力度仍需加大，扶持的范围也要更广，尤其是要向资金来源更少的大量草根 NGO 倾斜。

其次，加大对社会组织人力资源扶持的力度。人力资源不足，尤其是高层次专业人才缺乏，已成为制约我国社会组织危机参与能力提升的又一瓶颈。有研究表明："中国 2016 年的 70 万个社会组织的服务支出规模比 9 年前德国的 10 万个社会组织的还要少，服务能力差距显而易见。"[②] 党的十九届五中全会对加强和创新社会治理提出了新要求，强调要"重点扶持发展城乡基层生活服务类、公益慈善类、专业调处类、治保维稳类等社会组织，发挥他们在社会治

---

① Stuart Etherington. Public services and the future of the UK voluntary sector[J]. International Journal of Nonprofit and Voluntary Sector Marketing, 2004, 9(2): 105-109.
② 马庆钰,谢菊,李楠.中德政府与社会组织关系特征的比较分析：基于法团主义视角[J].经济社会体制比较,2019(6): 145-153.

理中的重要作用……拓宽新社会阶层、社会工作者和志愿者参与社会治理的渠道"①。来自国家层面加强和创新社会治理的新思路,为我们进一步探索创新政府对社会组织的扶持体系指明了新方向。

因此,一方面,政府可以针对不同类型、不同规模的社会组织给予相应的人力资源配置标准。要从政策层面对社会组织人才资源不足问题给予支持,为社会组织招得到、留得住、用得好人才创造条件。另一方面,强化社会组织的科技赋能意识,使其能够顺应时代的发展要求。从政府层面为社会组织提供相应的培训、学习和交流的机会,推动社会组织加强新媒体、大数据、人工智能、区块链等新时代科技成果的学习,提升社会组织从业人员的专业素养。除此之外,政府还要担负起完善志愿者有序参与危机治理的机制建设的重要职责,加大资源投入,完善志愿者培训体系,为社会组织提供重要的人力资源支持。

(三) 加强监督,推进社会组织规范治理

公共选择理论告诉我们,社会组织也是"经济人"。公益性、非营利性的社会组织并不总是以公共利益为依归,也有可能受利己动机驱使,谋求组织利益的最大化,从而背离公共危机治理的公共利益取向。"郭美美事件"、"尚德诈捐门"、汶川地震中的"天价帐篷"、新冠肺炎疫情初期公众对武汉红十字会防疫物资分配的质疑等事件的频频发生,这些都暴露出部分对社会组织在利益驱使下的行为失范,以及加强社会组织监督的必要性。

改革开放以来,中国社会在高速发展的进程中急剧转型,利益格局在社会破旧立新、分化整合和资源重新分配过程不断调整,来自利益分配领域内的矛盾和冲突此起彼伏,公共危机频发。而参与这些危机治理的主角往往是具有官方背景的社会组织,这些社会组织的领导很多是当年从政府机关退下来的,甚至有的是政府安排的,官僚主义意识较浓。"有些社会组织不仅沿袭了政府管理的工作作风,有些变相地成为政府职能部门的附属品或创收实体,甚至为腐败提供了滋生的土壤,成为腐败'寻租'的场地,完全与社会组织的独立性、自治性特点相违背。"② 这些社会组织的官办性质和行政色彩,决定了其灵活性和创造性的先天不足,在参与方面没有草根出身的社会组织来得纯粹。这种

---

① 陈一新.加强和创新社会治理[N].人民日报,2021-01-22.
② 张勤,姜媛媛,汲君.公共危机治理的社会组织参与耦合机制探微[J].理论探讨,2010(2):131-135.

不纯粹一方面表现在权力与金钱意识作怪下的自我中心观念，忽视新形势下公共危机治理的复杂性和多方协作的必要性；另一方面对公共危机应对的紧迫性、"治理"认知科学性和实践参与的高效性要求的认识存在不同程度的问题。这些组织更多利用政府资源，把权力与市场紧密结合，把公共危机治理作为自身捞取社会资本的秀场，有的甚至引发次生事件。如在历次治理的媒体报道中，有的确实是信息传播的需要，而有的则是主要为了在媒体中曝光而参与的，忽视了自身的责任和担当。相对于官方背景的社会组织，我国草根NGO相对纯粹，但是同样也可能被自身的"经济人"动机所左右，从而背离公共危机治理的公共利益取向。因此，虽然草根NGO大量游离于体制之外，并不意味着我们可以对其放任不管，任其野蛮生长。无论是哪种类型的社会组织，加强监管都是势在必行。

针对当前社会组织监管缺失的现状，一方面要提高社会组织的自律性，强化社会组织内部监督。更重要的是，政府要担负起监管重任，建设并强化业务监督、执法监督和社会监督三位一体的外部监管体系，从法律和制度角度规范社会组织的运行和管理，促使社会组织强化服务意识，提升公众形象。具体来说，一是要健全理事会制度，实行财务公示制度，将日常性的评估和财务管理方面的年检相结合，加强对社会组织的业务监督。二是对社会组织违法违规或违反章程规定的行为要加大执法力度，强化执法监督。三是健全信息定期披露制度和捐赠公示制度等，促进社会组织在广大社会公众的监督中良性运行。

（四）强化危机意识，加快社会组织针对性培育

纵观改革开放，特别是进入新世纪以来，在党和政府的鼓励、支持和引导下，我国的社会组织有了很大的发展，但总体而言仍不尽如人意。相对于美国"平均每175个美国人就拥有一个非营利组织，四分之一的16岁以上的美国人在社会组织中从事志愿工作"[1]，"德国总人口为8 267万，协会和基金会总量接近60万"[2]，而"拥有13.68亿人口的中国却只有7万个协会和5 000多个基金会"[3]。即便加上因为政策限制未能进入政府视野的草根组织，我们也不得不承认，我国社会组织无论在数量、规模还是质量上都远未达到理想水平。

---

[1] 徐晞.美国社区救助中的社会组织参与[EB/OL].人民论坛网，http://www.rmlt.com.cn/2017/0222/460901.shtml，2017-02-22.
[2] 李楠，马庆钰.中德政府与社会组织关系比较[J].行政管理改革，2018(1)：54-59.
[3] 李楠，马庆钰.中德政府与社会组织关系比较[J].行政管理改革，2018(1)：54-59.

推动公共危机多元治理进程需要大量优秀的社会组织参与其中,原子化、分散的公民个体也需要依托组织化的参与渠道,实现有序的危机参与,而我国现有的社会组织尚不足以担此重任,民间力量还有待开发。

从公共危机治理的角度来说,开发民间力量、加快培育社会组织,首先要促进社会组织数量上的增长。政府要鼓励、支持建立各种形式的社会组织,以适应国家治理体系和治理能力现代化进程不断推进的需要。当然,培育社会组织力量并非无序发展、野蛮生长,政府要为其健康发展营造良好的环境,最大限度鼓励民间力量有序参与到国家治理体系中来。相对于社会组织数量的增长,更重要的是要培育适应当前公共危机治理实际需要、健康发展的高质量社会组织,重点需从两个方面着力。

一是加快培育以救灾等为宗旨的危机型社会组织。民政部门的统计资料显示,目前我国社会组织活动领域多集中在科学研究、文化、教育、卫生、社会服务等领域,鲜有以救灾等危机救援为宗旨的危机型社会组织。笔者在调研中也发现,几乎受访的所有社会组织都面临着危机应对的专业知识和专业技能匮乏、危机应对经验严重不足的问题,更不用说像新冠肺炎疫情这种具有高度专业性要求的传染病防控应对。在公共危机已然常态化、多元化与高度复杂化的今天,加快培育能够参与不同类型危机、专业的危机应对型社会组织势在必行。

二是加快培育本土和基层社会组织。汶川大地震初期,由于巨灾造成的交通不便等问题,外部救援力量很难进入灾区,很多急需救援的灾区只能依靠本地社会组织,很多地方本土社会组织发育不足的问题便凸显出来。新冠肺炎疫情防控中,同样凸显出本土社会组织,尤其是基层社会组织的重要性。新冠病毒的超强传染性制约着人员的跨地域流动,在习近平总书记"打赢疫情防控这场人民战争,必须紧紧依靠人民群众。……防控力量向社区下沉"指示下,大量基层社会组织和志愿者投入社区疫情防控,筑起了一座座疫情防控的坚强堡垒,成为我们打赢这场疫情防控阻击战不可忽视的重要力量。

因此对于公共危机治理而言,必须加快危机型社会组织和本土、基层社会组织的培育,尤其是那些社会组织发育严重不足,而自然灾害等危机却比较频繁的偏远地区、农村地区,更要引起足够的重视。

三、与时俱进地推动社会组织危机参与制度完善与创新

随着新时代国家治理体系与治理能力现代化的深入推进,社会组织危机参

与实践中出现了许多新情况、新问题,而法律制度制定的滞后性使得社会组织危机参与实践很可能出现制度真空和盲点。因此,营造社会组织危机参与的良好法律制度环境,还需要我们不断与时俱进,重视社会组织危机参与制度的及时更新与不断创新。

(一) 做好相关法律制度的修订和更新

在 SARS 危机中,我国公共危机治理立法滞后的问题暴露得比较明显,SARS 危机也因此成为推动政府反思并加强公共危机应急机制建设的重要因素。2003 年下半年国务院便开始推进这一工作,2006 年 1 月发布《国家突发公共事件总体应急预案》,详细规定了各级政府及其相关部门、各企事业单位的职责。遗憾的是,现行的《国家突发公共事件总体应急预案》至今依然没有明确突出社会组织在危机管理中的地位和作用。新冠肺炎疫情使得社会力量尤其是社会组织在公共危机治理中的重要性愈加凸显出来。如何充分整合社会资源,尤其是社会组织参与公共危机治理,对于那些已经不适应当前社会组织危机参与的法律制度,应该尽快进行更新和修订,并重点完善社会组织参与公共危机治理相关内容,明确社会组织在公共危机治理中的主体地位、职责,以及参与途径和方法等内容,增强可操作性。

(二) 系统总结相关临时性文件、精神的实践成效,将成熟部分上升为相应的法律制度

在汶川大地震中,由于灾情巨大,救灾难度极高,政府果断采取了一系列紧急措施,出台了众多临时性文件,社会力量得到释放与激发,出现了社会组织联合行动的新模式,发起了"中国民间组织抗震救灾行动联合声明",成立了"NGO 四川地区救灾联合办公室""四川 5·12 民间救助服务中心"等联合机构,在紧急救援阶段发挥了一定的作用。新冠疫情应对中,中央相关部委、机构也分别发布了大量的临时性政策文件,如《关于号召广大志愿者、志愿服务组织积极有序参与疫情防控的倡议书》《关于动员慈善力量依法有序参与新型冠状病毒感染的肺炎疫情防控工作的公告》《关于青年志愿者组织和志愿者开展疫情防控应急志愿服务的工作指引》等文件,规范和引导社会组织和志愿者科学、有序参与疫情防控。后续要对这些临时性文件和精神及时进行研究、总结和完善,对经过实践检验、成效明显的,要在条件成熟情况下上升为相应法律制度,构建起制度化的长效机制,

（三）加强新情况新问题的研究、规范和引导，避免出现制度真空和盲点

例如，随着新时代国家治理体系与治理能力现代化的深入推进，我国社会治理实践中涌现出众多的城乡社区社会组织，网络化、信息化技术的飞速发展也催生了诸如互联网虚拟社团等新生事物。对于这些在社会治理实践中涌现出的新兴社会组织，我们需要思考，如何对他们进行规范和引导，以充分发挥他们在公共危机治理中的积极作用。再如，随着当今世界各国不同程度进入全球网络空间，国家在网络安全、数据安全领域面临的威胁和风险愈来愈大[①]。对于这一全新的危机领域，社会组织也需要加强学习，进行前瞻性思考，在危机预警、危机治理的技术支撑等方面提供政策建议，为政府助力。同时，政府也要对这些新事物、新情况进行研究，如何通过前瞻性的制度设计将社会组织纳入数据安全治理、网络安全治理这一全新的领域。

（四）不断推进制度资源传承和创新

探索社会组织参与公共危机治理的新制度形式，一方面，我们要立足本土，从中华民族几千年辉煌灿烂的文明中寻求灵感，汲取我国传统制度资源中的优秀成分。另一方面，也需要开拓视野，对国外 NGO 参与公共危机治理有效的制度设计进行理性审视，根据我国的现实国情有选择地借鉴，从而不断充实、完善我国社会组织参与公共危机治理的法律制度体系。

第二节　规范内部治理、提升社会组织参与的能力与水平：基于社会组织层面的分析

许多人习惯性地认为，民主启而不动的主要原因是缺乏允许、鼓励和支持公众参与的良好法律制度环境。然而，社会组织要实现有序高效参与公共危机治理，不仅需要外部制度环境的完善和充足的资源保障，规范和完善内部治理，努力修炼内功，提升社会组织危机参与的能力与水平同样至关重要。

---

① 中华人民共和国和俄罗斯联邦关于新时代国际关系和全球可持续发展的联合声明[EB/OL].新华网，2022-02-04.

一、强化自立自强意识，提升使命担当能力

社会组织群体在发展过程中，面临着对政府资源的过度依赖和政府对社会组织关注不足的双重问题，直接导致了其初心和使命担当难以实现的尴尬。受政策和资源的双重影响，造成了社会组织对政府的长期依赖，如一部分国家级的 NGO，它们在出身上就与政府有着密切的关联，这就决定了其组织性质和初衷与其他草根 NGO 虽有共同点，但更具有巨大差异。正是这种差异给了社会组织和政府双重假象：一种假象是国家对许多原来的官办社会组织在政策和资源上的支持，导致了诸多草根社会组织也想像他们一样，可以获得类似的政府支持。事实上，"全国能够生存两年以上的草根组织不到 30%，能够生存 3～4 年的只有 15%。有人诟病道，在政府帮困组织、慈善基金会这些正规军发展成参天大树的时候，旁边的小树、绿草却没能跟着茁壮成长，这样的生态环境并不算健康"[①]。可见草根 NGO 得到政府的关注非常有限，人们希望有爱心的机构得到政府的更多关爱，让社会发展的正能量有更多的释放空间，但事实并非如此。另一种假象是具有官方背景的社会组织对官方"意愿"的解读。在公共危机发生时，他们可以按照政府的统一指挥有序参与危机救援，与官方的意愿能保持同频共振。但公共危机治理实践中社会组织的有序参与、资源状况、协调能力和整个体系与政府想象的"应然"状况差得太远。并且社会组织与政府的关系是管理、指挥关系还是协作关系，双方的认知分歧事实上难以弥合，"遵道模式"的结束就是个明显的例证。"强政府"或"大政府"理念导致了无论是社会组织，还是政府本身都觉得政府是该依赖的对象，但历次公共危机治理实践都证明，无论是草根社会组织还是官方背景的社会组织，过度依赖政府资源的结果就是沦为政府的附庸，"在社会治理中，社会组织只有坚守伦理使命和公共责任，增强自主治理和社会活动能力，才能在与政府的互动中建立起合作性关系结构"[②]。社会组织只有转变"依赖"观念，才能真正实现从自立到自强的蜕变。

二、规范内部治理，打造自组织系统合力

从公共危机治理系统性角度出发，除了要提升社会组织使命担当能力之

---

① 吟之.草根慈善需要生态环境[EB/OL].光明网,2014-06-17.
② 曹爱军,方晓彤.社会治理与社会组织成长制度构建[J].甘肃社会科学,2019(2):94-100.

外，还要注重社会组织管理队伍的整体战斗力建设。"严格规范内部治理，从各方面提升参与危机治理的能力和水平，充分展示自身独特的优势与功能，以组织自身存在的价值赢得政府与公众的尊重、信任与支持。"① 具体可从以下方面着手：

首先要强化业务能力，这一能力涉及团队成长和发展的合理性、合法性问题，包括了解并熟练把握国家、地方以及相关行业的法律法规、政策制度。其在相关规章制度规范下运行是社会组织成长和发展的基本要求。除此之外，还包括社会组织内部的团队建设、项目运行、财务管理、资金筹集等社会组织日常运营的常识、优化策略。

其次是提升协作能力，这里的协作不仅包括社会组织自组织系统内部的协作，还包括与系统外部的合作。要从社会组织成长和发展对资源的系统需要出发，关注资源网络建设，投资和积累公共危机参与的社会资本。其中包含上级主管政府部门、主管单位，合作的其他各级政府部门、服务对象、合作伙伴以及公共危机治理过程中需要的上下游供应链、产业链相关单位等，只有在内外系统的整体协同条件下，社会组织的危机应对能力和水平才会不断提升。

最后就是要加强特定专业人才队伍建设。社会组织是以解决问题为鲜明目标导向的机构，其首要需求是人才，加强专业管理队伍以及特定领域专业人才队伍建设是当前社会组织的共同需求。一方面要通过完善相关政策规章来吸引专业管理人才加入社会组织，另一方面也要注意完善内部的培训机制，培养能适应社会组织发展需要的相关人才。要充分用好、用足国家政策，在法律和制度规定范围内，完善吸纳人才、培养人才和用好人才的体制机制，为社会组织在更大范围发挥作用打好基础。

三、加强专业技能培训，提升危机参与专业能力

专业技能人才是社会组织重要的社会资本和优势，是其专业化建设的重要内容。随着公共危机应对的技术要求不断提升，技术人才的培养成为应急挑战的核心问题，政府应对危机的人才类型、技术水准无法一一满足，"与之相关的专业性社会组织能够很好地弥补这一不足。从减轻政府的施政压力和有效治

---

① 金华.我国公共危机治理的挑战与回应：社会组织参与的视角[J].甘肃社会科学，2019(4)：169-175.

理公共危机的角度来看，社会组织未来将会承担更多责任，在与政府的合作中其作用将会得到加强"[①]。

但问题在于，公共危机治理实践中社会组织的参与机会、参与程度受主客观条件限制较多，实战训练相对不足。因此，作为社会组织要善于在有限的实践中发现、寻找专业化人才培养的机会。同时，要充分认识到公共危机治理急、难、险和破坏性大等复合性特点，从公共危机救援的效率、资源整合和组织成员的生命安全角度出发，强化专业技能培养意识，推动社会组织成员的必要专业技能和社会组织整体应急能力的提升。

社会组织要善于把好公共危机治理的脉搏，了解政府公共危机治理的实际需求。一方面积极寻求政府支持，抓住政府组织的各级各类培训机会，协调好本组织人员的培训参与工作。另一方面，系统挖掘、整合自身既有资源，不断完善组织内部的专业化培训体系。在专业化人才培养和培训问题上，要理性看待社会组织运行和志愿者时间、精力成本，系统考虑公共危机治理过程中社会组织执行力、时间与效率的辩证关系。关注组织成员、志愿者的参与热情、专业技能和个人素养提升，以完善的培训和实践机制推动社会组织的能力建设，把社会组织整体实力提升与使命担当结合起来，用良好的社会形象寻求发展机遇，优化"帮忙不添乱"的公共危机治理的参与定位。

四、聚焦形象建设，提升社会公信力

社会组织参与不仅注重实践过程中的投入，还要关注平时的公众形象塑造及其在实践中形成的公信力。公信力不足是我国社会组织必须面对的一个非常严肃的问题，我国公共危机治理起步晚、政策法规不完善、政府治理观念和民众片面认知等外因都给社会组织发展带来了一定程度的制约，但主观上社会组织内部治理同样是造成当下自身公众形象和社会公信力不理想的重要原因。

信息不公开、公开不及时，以及社会组织运行过程中违纪、违法事件的情况虽然只是零星现象，但却时有发生，直接影响社会组织的整体形象，需要从标本兼治角度解决问题。针对违法、违纪、贪腐等严重损害社会组织形象的现象和事实，要理性认识问题的严重性和危害性，及时处理，不能手软，并借此机会强化社会监督，使这一领域形成内外联动的不能腐、不想腐和不敢腐的体制机制。在社会组织公众形象塑造方面，全社会都应该建立共识，即社会组织

---

① 李想.公共危机治理中社会组织与政府合作历程与趋势分析[J].理论探索，2019(1)：15-19.

虽然是民间力量，但同样需要在阳光下运行，要充分借助媒体和公众号等内外力的监督，不断推进内部治理水平和自组织能力的提升。

除了对反面问题进行针对性防控之外，社会组织还应注意维护自身的正面形象，在公共危机参与过程中加强与媒体和社会公众的沟通，让媒体和社会公众充分理解社会组织的运行和发展环境。在接受监督过程中要协助媒体和社会公众在发声前弄清事实真相，以实事求是的态度对社会组织的行为予以评判和督促。"舆论、公众等则要保持清醒头脑，正确行使监督权，不能凭空捏造，更不能轻易相信谣言，以免陷入误区。"[①] 社会组织应以开放、积极的态度对待社会监督，社会各方在行使监督权利时也应报以真诚、理性的态度，共同推动社会公益的发展。

第三节　强化对社会组织的认同：基于社会心理文化层面的分析[②]

民主的深层内涵是一种深深根植于人们内心深处的文化、价值观和行为规范。任何参与行为的发生和参与方式的选择，都是在某种社会文化的熏陶和心理活动的驱使下进行的。如果没有更坚实、更持久的心理文化的深层驱动，制度性民主可能由于缺乏内在根基而趋于表层化、形式化，深层次的实质性参与便很难实现。如前所述，当前我国社会组织危机参与中的诸多问题，都与缺乏深层次的心理文化认同和驱动力有关。因此，加快社会心理文化层面的隐性社会契约的转型，增强全社会对社会组织的心理认同显得尤为迫切。具体而言，可从以下方面突破。

一、树立现代政府理念，走出认识误区

（一）政府与公共管理者要充分认识社会组织在公共危机治理中的主体地位

党的十九届四中全会提出要构建基层社会治理新格局，要"发挥群团组

---

① 韩尚稳,吴东民.社会资本视角下的民间组织参与公共危机治理机制探析[J].党政干部学刊,2013(8):60-63.
② 金华.公民政策参与：实然描述、应然指向及行为改善[M].地方治理研究,2021,23(1):13-26.

织、社会组织作用,发挥行业协会商会自律功能,实现政府治理和社会调节、居民自治良性互动,夯实基层社会治理基础"[1],这充分体现了党和国家对社会力量参与公共治理的价值认同与顶层政策支撑。但由于传统自上而下的精英决策模式和思维在当今中国仍然不同程度地存在,且越是基层就越为明显。这使得部分政府官员,特别是一些地方政府官员,从内心并不认同社会组织参与公共危机治理的正当性和必要性,在主观上漠视社会组织在危机治理中的主体地位。因此要走出社会组织参与公共危机治理的心理文化困境,首先就是要强化政府官员,尤其是地方政府官员对社会组织危机治理主体地位的认识。要让他们充分认识到社会组织参与公共危机治理不仅是基本权利,也是应尽责任,推动危机治理更加民主、更加有效。唯有如此,政府和公共管理者才有可能在实践中积极主动地为社会组织参与危机治理创造良好的条件。否则,如果政府不支持甚至排斥、限制社会组织参与,理性的社会组织自然会因为参与的高成本、低成效而选择消极参与,甚至不参与。

(二) 政府官员要理性认识社会组织参与公共危机治理的影响

既要看到社会组织参与公共危机治理具有独特的优势与功能,但是也不能将其过于理想化而在现实中盲目推进。要深刻认识到民主并非万能,志愿也会失灵,社会组织参与本是一把双刃剑,有其自身难以克服的不完善性。因此,在公共危机治理的社会组织参与问题上,我们既不能过于强调其价值功能而忽视其潜在缺陷与不足,也不能过分夸大其潜在缺陷而无视其价值功能。只有这样才能在行动中理性地支持和推进社会组织参与危机治理,同时又不疏漏其潜在缺陷而从心理上加以防范,从制度上加以规范和弥补。

(三) 要用包容心态看待社会组织参与危机治理实践

我国作为后发外生型现代化国家,现代化生发的基础和积累不足,要在短时间内实现从传统向现代转型的目标,必然会使社会发展的矛盾更加集中,发展过程中的利益博弈引发的公共危机的常态化、复杂化和多样化是其必然趋势。因此,我国社会组织的危机参与必然是一个艰难曲折、不断完善的过程,其参与实践中不可避免地会出现各种问题,这不仅需要社会组织在意识和理念上不断超越,更加"需要政府超越工具主义导向,借助于'体制性吸纳'机

---

[1] 中共中央关于坚持和完善中国特色社会主义制度推进国家治理体系和治理能力现代化若干重大问题的决定[N].人民日报,2019-11-06(01).

制，在相互承认、包容和互补的基础之上，明确双方的治理责任、治理范围与治理行为，建立起制度化的合作性关系结构"[1]。

特别需要指出的是，新时代政府自身的改革、发展工作已然不易，还要把大量的时间、精力投入不确定因素很多的公共危机治理中，甚至有时要投入政府的绝大部分时间和精力。因此，政府要理性面对发展过程中的矛盾，充分认识到社会组织参与国家治理是一个不断完善的过程，要通过制度和管理创新为社会组织参与提供更合适的体制机制和政策法规体系，在推动社会力量共同参与社会治理的过程中做到相互承认、包容和互补，不断提升社会组织的参与能力和社会公信力，最大限度整合社会资源，系统提升公共危机治理应对能力。

二、建设现代公民文化，增强现代公民意识

具有现代公民意识的主体是公民参与的内在要求，"健全和稳定的现代民主不仅仅依赖于基本结构的正义，且还依赖于公民的品性和态度"[2]。然而，在我国，一些"旧有的意识形态并没有因旧制度的灭亡而消失，却在新的社会氛围中形成新的保守力量，时刻扯绊着我们的前行脚步"[3]。我国传统文化中家国同构等思想的根深蒂固，造成了"社会"概念的长期缺位，公民身份几乎不存在，公民意识缺失。现代社会需要现代公民，现代公民必须具备现代公民意识。鉴于当前我国现代公民意识依然比较薄弱的现状，建设现代公民文化，培育现代公民意识势在必行。"具体而言，培育现代公民意识，核心是要培育积极的公民精神，包括强烈的主体意识、积极的参与意识以及以责任、担当、使命感为核心的志愿精神和公益精神等。"[4]

（一）唤醒公众主体意识

在我国当下，"即使不断完善的政治制度持续强调民众的社会主体地位及其政治权利，历史悠久的臣民意识仍蛰伏于人们的内心深处"[5]。"数千年专制

---

[1] 尹广文.从"行政化控制"到"体制性吸纳"：改革开放以来中国社会组织治理问题研究[J].南京政治学院学报，2016，32(2)：53-60.
[2] 威尔·吉姆利卡，威尔·诺曼.公民的回归[M]//许纪霖.共和、社群与公民.南京：江苏人民出版社，2004：26.
[3] 吴永生.权力范畴与马克思的政治理论[M].北京：社会科学文献出版社，2020：294.
[4] 金华.我国公共危机治理的挑战与回应：社会组织参与的视角[J].甘肃社会科学，2019(4)：169-175.
[5] 吴永生.权力范畴与马克思的政治理论[M].北京：社会科学文献出版社，2020：294.

统治时期所积淀形成的道德观念、伦理结构、思维模式和文化心理,仍不可避免地影响着人们的观念和行为。"① 传统文化的长期影响使相当部分的民众难以走出"臣民"的思维窠臼,"中国人的思想活动,乃至他们的整个人生观都拘囚锢蔽在官僚政治所设定的樊笼中"②。对官僚政治的臣服,导致他们忽视了自己现代意义上的公民主体身份,公众主体意识的不足直接影响到其参与行为的指向、方式和程度。但随着全球化进程的不断推进,中国已走进世界舞台的中央,传统向现代的政治文化转型正不断加速,迫切需要唤醒公众的主体意识。要让他们认识到,公共政策并非政府向公众的单向行为,政策过程也并不是一种支配与被支配的过程。尤其是在人民当家作主的现代中国,人民是国家的主人,是公共政策的重要主体,享有宪法和法律赋予的参与公共决策、参与社会治理的基本权利。因此在公共危机治理中,社会组织理当是重要的参与主体。

(二) 强化公众危机参与意识

要让公众彻底摒弃传统文化中的臣民思想、顺民意识以及对政府的依附心理,激发公众参与危机治理的自觉性和积极性。强化公民参与意识,不仅从研究者、政府决策者方面,还应从广大公民角度强调参与的系统性。在公共危机治理过程中,要紧扣"时间紧急""需要迅速做出决策"③ 等危机情境核心特征,充分认识公共危机治理本身急、难、险和破坏性大等特点,对社会组织、志愿者本身的救援专业能力、协调能力以及应急处置能力等方面的高要求。需要本着对处于危机中的生命、财产和社会公共舆情等负责的态度,关注治理效率的最优化状态。因此,推动政府在公共危机治理方面实现从"管理"到"治理"的理念超越,始终要把住中国的国情实际,把公民参与作为中国共产党执政和政府施政的崇高使命,从国家、民族事业发展担当高度,把"发展依靠人民"的执政思想全面融入现代化发展进程,在推进公民参与进程中带动"治理"理念深入人心。在广大民众参与过程中,促进现代公民意识的全方位提升,强化主体意识,在平等、法治和宽容的参与环境中增强参与能力,培育主体担当,全面提升公共危机治理效能。

---

① 金华.参与型政治文化:推进和完善我国公民参与公共决策的现实选择[J].湖北社会科学,2011(12):19-22.
② 王亚南.中国官僚政治研究[M].北京:中国社会科学出版社,1981:39.
③ 罗伯特·希斯.危机管理[M].王成,等译.北京:中信出版社,2002:25.

(三) 弘扬公益精神和志愿精神

长期的农耕文明时代，中华民族形成了优秀的文化传统，同时受与农业文明匹配的传统观念的影响，从而造成了从传统向现代转型的巨大张力。"较之于公民文化底蕴深厚的发达国家，我国独特的历史文化和转型期的客观现实使得我国公民文化的成长先天不足，后天失调。"① 因此，在向第二个百年奋斗目标奋进的国家治理现代化进程中，我国公民文化建设面临着转型的巨大压力。公益精神和志愿精神是社会组织参与公共文化治理的心理文化动因，也是现代公民文化中公共理性、公共精神的集中体现。作为现代公民文化不可或缺的公益精神，是现代化进程中志愿队伍建设的动力源头。我国与西方发达国家在社会治理理念、意识及实践上的差距，则是根源于公共理性意识和公共精神培育的不足。因此，培育全社会的公益精神、志愿精神已迫在眉睫，需要全社会积极营造有益于社会组织发展的公益文化氛围，为社会组织参与公共危机治理提供坚实的社会基础。

(四) 增强公众责任意识

中国和西方在新冠疫情应对中的鲜明对比凸显了中国政府和公众的强烈的责任担当，也充分暴露了西方国家从政府到民众的责任意识的严重不足。因此，在理性参考英国、日本等西方国家 NGO 参与危机治理的有益经验的同时，一定要清醒看到他们存在的问题和不足，取其长而避其短，要继续重视增强公众的责任意识。要善于从中国传统优秀文化中汲取养分，尤其像"一方有难八方支援""天下兴亡匹夫有责""先天下之忧而忧"等具有强烈的责任担当和使命感的精神财富，更是重中之重。

三、培育社会资本，增进社会"互信"

社会资本理论启示我们：社会组织参与公共危机治理要取得理想成效，不仅需要现代的政府和现代的公民，还有赖于良好且充分发育的社会资本。培育社会资本，信任资本是关键。信任是一种主观态度，是一种心理期待，是一种期望他人的行为和能力会朝着主体所希望的方向发展的信念②。在我国公共危机治理实践中，各参与主体之间信任资本的缺失，突出体现在政府、公众对社

---

① 金华.我国公共危机治理的挑战与回应：社会组织参与的视角[J].甘肃社会科学,2019(4)：169-175.
② 郑也夫."信任"：焦虑中的美德[N].文汇报,2002-03-03.

会组织的不信任，以及社会组织相互间不信任等三个方面。培育公共危机治理中的互信资本，可从以下三个维度展开。

（一）就政府维度而言

我国在公共危机治理问题上，一贯以来的"大政府、小社会"的运行现实，以及精英化决策的思维模式，使得政府一方面对社会组织参与公共危机治理的能力和信心不足，认为社会组织参与未必能够提供助力，反而可能影响危机治理的效率、增加危机治理的成本。同时，一些政府官员对社会组织抱有强烈的警觉和担忧，担心体制外力量发展异化，会对政府权威形成挑战，甚至影响社会稳定。这种心态导致了政府对社会组织的轻视或漠视，形成政府与社会组织之间的无形隔阂，"互信"资本不足。要增强政府对社会组织的信任，部分政府官员就必须转变观念，不仅要充分认识社会组织参与危机治理具有独特的优势与功能，还要认识到社会力量参与公共危机治理的必然趋势，社会力量是实现公共危机有效治理的不可或缺的重要力量。尽管当前我国社会组织发展还存在许多问题，但不能成为政府对社会组织不信任的理由，政府要创造条件，以制度信任来规范和支持社会组织参与危机治理。随着近些年公共危机频繁出现，专业化要求不断提高，政府在应对力所不及的情况下，已经开始意识到从"管理"到"治理"理念和职能转变的重要性，并把这一工作作为下一步改革和创新发展的重要目标。十九届四中全会上强调了推动社会参与及加强社会组织建设的重要性，为推动政社合作，增强政府与公民的"互信"提供了政策上的保障，是促进这一工作发展的方向性指导。

（二）就社会组织维度而言

在增强政府和公众对社会组织的信任方面，一是社会组织要理性认识自己在危机治理中的角色定位，明确自身的权利和责任边界，理顺与政府之间的关系，真正做到在危机应对中帮忙而不添乱。二是社会组织最需要思考的问题是：如果政府赋予信任、提供参与的空间，公众予以支持，社会组织能否接得住这份信任与支持？因此，社会组织需要不断增强自身危机参与的能力和水平，以其有效的实际行动来获取政府的信任和公众的支持。三是要不断规范和完善组织的内部治理，塑造组织自身的良好形象。事实上，诸多案例已经让我们看到，我国社会组织在公众中信任度低、形象欠佳，与社会组织自身内部管理不规范、自律不严等有着极大的关系。四是要加强社会组织相互之间的沟通与协调。虽说信任是合作的前提，但在信任不足的情况下，努力加强沟通与协调在一定程度上也能促进信任的产生。需要注意的是，这种沟通与协调不仅仅是在危机参与过程中，更要在平时强化这种意识，为危机参与中的信任与合作积累社会资本。

（三）就社会公众维度而言

和西方国家公众最信任的 NGO 相比，我国公众最信任的无疑是政府，尤其是当危机来临时。公众之所以形成了"大难当前靠政府"思维定式，最大的原因在于我国政府强大的危机治理能力和人民至上的强烈责任担当。当然，长期以来"重政府轻民间"的传统政治文化影响，以及我国社会组织能力不足、形象欠佳以及公众缺乏对社会组织的了解等也都是非常重要的原因。因此，对公众而言，一方面要认识到危机治理不仅仅是政府的事，而是需要社会力量的广泛参与，增强对社会组织参与危机治理的认同，增强自助助他的意识，另一方面也要对正在发展成长的社会组织给予更多的理解和呵护。

第四节　构建多层次的协同应对机制：基于合作网络层面的分析

在这样一个危机四伏的时代，"相互依赖已经是我们这个时代最突出的特征之一"[①]。新冠疫情的发生再次向世人昭示了构建人类命运共同体的重要性，这个共同体不仅体现了人类社会发展进程的相互关联，同时意味着应对人类生存危机需要高度协同。从"管理"向"治理"的社会发展趋势，西方发达国家的先行探索已取得了一定成果，但面对百年未有的发展变局，应对来自自然界和人类社会自身的发展矛盾引发的各种危机，唯有合作才能实现共赢。在这方面，治理理论和协同学理论为我们提供了重要的理论指导。在公共危机治理中，唯有构建一个信息共享、交流畅通、优势互补、责任共担的多层次公共危机治理网络，形成政府、企业、社会组织、大众传媒、普通社会公众等诸多公共危机治理子系统之间的协同合作，才能实现危机治理"1+1＞2"的最大效益。因此，努力构建多层次的危机协同应对合作网络，是社会组织有序高效参与公共危机治理的重要技术路径。

---

① 苏长河.全球公共问题与国际合作：一种制度的分析[M].上海：上海人民出版社,2000：4.

一、强化应对公共危机治理的协作共识

"公共危机是一种具有高度不确定性、突发性、复杂性、综合性、跨界性和非常规性的灾难性事件,一旦发生将会危及所有人的生命安全和公共利益,因而其治理工作必然需要不同领域、不同主体的协同合作。"① 实践证明,西方资本主义市场经济体制或政治与行政分享的政治架构会导致"市场失灵"与"政府失灵",我国的市场经济体制和政治体制虽然与西方有较大差异,举国体制和制度优势明显,国家治理趋势向好,但在公共危机治理效率问题上,社会主义国家也会面临西方同样的问题。并且,因为起步晚,微观方面的志愿失灵问题同样突出。下一步需要从我国"强政府"的治理实际出发,在有效性和合法性之间寻求最佳平衡点,突破"治理失灵"困境。回顾历次公共危机治理实践,结合学界既有研究成果,社会组织有序参与公共危机治理需要在治理理论和协同学理论的指导下实现路径突破。结合我国"强政府"的现实,加强制度的顶层设计,在党和社会组织的融洽互动中激发社会组织活力,努力推进形成治理边界开放化、机制网络化、手段多样化的公共危机治理多元主体参与协作格局。最大限度地增进公共性,推动政府与公民之间形成价值共识,聚焦有中国特色的社会主义现代化公共危机治理体系构建探索,推动形成社会各方高效协同治理的新局面。

二、明确公共危机治理的多层次协同原则

公共危机治理的协同需要平时做好互动协作的基础工作,在危机参与实践中才能体现协作的能力和水准。每一次公共危机都具有独特性,因此,国家的公共危机治理的顶层设计是一个巨型系统,为了有效应对危机必须明确多层次协同的原则,需要从"道"和"术"两个层面不断完善。这种协作首要的是战略上的协同,即在公共危机治理方面的价值共识,随着国家治理实践推进和改革开放的深入,这一问题已成为全社会的共同认知。其次是战术上的协同要实现常态化、综合化、互嵌化和开放化四个层次。具体而言,一要实现危机合作网络平台互动常态化,就是公共危机治理网络中的各组织、单位应该在平时加强非灾变期的常态运转和维护,在政府或合作网络内部相关组织的协调下适度地加强演练。加强社会组织平时的沟通,推动信息、物资和相关资源等方面的

---

① 李青娟,孙建丽.新冠肺炎疫情防控中的协同治理机制探究[J].经济研究导刊,2021(27):144-146.

流通，实现互通有无。通过平时合作网络间的互动和演练，发现、完善多元主体参与危机治理或应急实践的资源、机制短板，强化社会组织自组织系统和合作网络建设，提升社会组织和合作网络在危机处置和危机不同时段的救援能力。要改变只有灾害救援时合作网络各主体间才有互动、合作的现状，强化组织的使命担当。二要推动合作网络建设综合化，指社会组织的危机参与功能不仅体现在救灾恢复、救援层面，风险管理层面同样需要同步推进。要推动合作资源与服务供给向技术、学习、资讯等方面不断深化，在深层次互动基础上形成共同需求，并共同完善相关策略。三要遵循应急实践互嵌化原则，就是根据公共危机治理的实际需要，推动政府与社会力量深层次互动，将合作网络嵌入各级政府危机治理子系统，明确子系统中各主体的职责、义务。并且，政府部门还应根据社会组织参与的实际情况，作为参与者主动、积极融入系统，为社会力量网络持续发展提供可能性支持。四要实现合作网络建设思维的开放化，就是要充分认识到政府与社会等多方面力量参与的合作网络的动态、开放特性，不仅需要最大可能吸纳各类主体与社会资源，还需要在建设过程中广泛听取社会各方的有益意见、建议，当然也理应包括国外的理论与实践的有益探索。

三、强化公共危机治理合作机制建设

协作网络及其平台的构建旨在改变前期风险管理和应急、救援实践过程中的信息、资源、技术和服务等方面的分散状态，避免资源重复与浪费。公共危机治理的协作共识和相应的协同原则的明确，是构建公共危机协作治理机制的前提和基础，也对相应的机制建设提出了相应要求。政府部门理应承担起多方协同合作网络建设者的主体责任，并从以下几个方面加强建设：其一，认同机制。政府与各社会组织之间在协作网络构建过程中会存在目标价值冲突，但在危机治理合作中，应当充分认识协作网络中各社会组织的主体优势、作用及其对于公共危机治理的重要价值并相互承认，认同对方参与的必要性与重要性。其二，成果共享机制。合作网络内部各主体与政府危机管理部门之间是风险共担的共同体，应该强化相互间的成果共享意识，推动应对措施、成功经验、失败教训、相关知识和研究成果等方面的成果共享，推动参与应对的各主体间的学习提升。其三，沟通协调机制。加强合作网络与政府危机管理部门间的信息平台建设，推动基于信息流通为基础的沟通协调机制建设，促进各主体积极共享各自角

度获得的信息，推动信息交流融汇，提升政府基于大容量信息的风险分析、灾情研判的科学性、合理性，为合作网络各主体参与提供更理性的引导和合作空间，提升应急救援效率。其四，资源整合机制。根据主体功能差异、应急管理体系状况和救援需求实际，推动既有资源在各功能主体间和各阶段的优化配置，这一过程要强化政府的主导功能及其角色担当。其五，联合行动机制。危机治理中各主体的地位和角色，会因为其在各阶段其功能和优势而不同，此时应该根据各阶段、各项目需求模块的差异推动不同主体间的协同联动，确保在危机前后各阶段从计划、参与到结束的全程系统管理，优化公共危机治理的效率。

四、明晰公共危机治理合作网络构建步骤

从当前我国社会组织及公共危机治理现实水准以及"大政府"理念的实际来看，尚处于起步阶段是我们必须面对的实际。第一，要坚持政府与社会力量合作共建应急网络平台的基本原则，构建应急管理全过程、多层级的全面合作机制。从社会组织参与公共危机治理整体能力提升的角度强化政府作为意识，通过政策协调的办法，逐步解决我国社会组织发展空间上不平衡、能力有差异、政策未贯通和政府资源配置差异较大的问题。以公共危机治理资源就近原则为指导思想，推进各级政府与当地社会组织的合作共建，推进政府、社会组织各自的社会资本投资和积累，提升政社合作网络应急处理能力，打牢共同的治理基础。第二，要鼓励与推动具有较强影响力的社会组织投入社会力量应急合作网络建设中，利用其在草根社会力量中的影响力，通过搭建应急管理参与平台，广泛吸纳各类全国性社会组织参与，初步形成社会组织间在风险管理、危机管理、恢复管理层面的合作机制。推进公共危机治理的项目、计划以及运作章程制定，在资源输出、服务危机治理的同时，形成平台建设的共性需求，并通过政府及平台自身的教育、培训和自我服务推进合作网络不断完善，提升服务能力。第三，在应急管理社会力量合作网络顶层结构与功能嵌入设计基础上，逐步推动地方性社会组织与资源应急网络平台建设，为平台就近服务公共危机治理创造条件，不断完善社会组织的治理网络，并在这一过程中关注平台、网络分布和能力不均等问题。

五、以治理法治和技术支撑保障合作网络运行

党的十九大报告提出了加强社会治理制度建设，完善相应机制，打造共治

共建共享的社会治理格局的新思路,应加强社区治理体系建设,发挥社会组织作用,不断提升社会治理"社会化、法治化、智能化、专业化"① 水平。这一要求在新冠疫情防控中已经得到了很好的实施,依法、科学和联防等防控方式,加上大数据、人工智能、云计算等技术的运用,互联网思维切实推动了疫情监测、溯源、防控救治和资源调配等方面工作,充分体现了公共危机治理的最新水准,也为多元主体有效协同并高效完成任务提供了信息支撑和技术保障。同时,"'区块链+公益'使慈善机构在运营过程中,让每一笔钱的金额、流向都真实可查,可以有效杜绝信息造假这类问题的发生,实现公益透明化"②。因此,新时代公共危机治理的合作平台建设,应该充分考虑我国公共危机治理的后发现状,借鉴发达国家的治理经验和优秀成果,不仅要建立完善的法律法规体系,提供公共危机治理的参与机制、渠道和相应要求,还要把与新时代公共危机发生的复杂性密切相关的高新技术深度融入这一系统中。"发达国家注重在实践中研发与创造新型专业化装备与救援工具,以此在更广范围、更高层次、更深程度上完善高精尖的应急救援装备,协助打造安全科学、立体高效的现代化应急救援保障体系。"③ 应以公共危机治理为契机,推进这一领域的技术、理念和模式创新,以更大视野和更高平台建设意识,推进合作网络的法治意识和技术能力建设。同时,通过政策引导、制度规范和政府购买等手段,不断推进公共危机治理的法治观念、人才队伍建设和参与能力的全方位提升,强化社会合作网络的资源共享和协作意识。

---

① 习近平.决胜全面建成小康社会 夺取新时代中国特色社会主义伟大胜利:在中国共产党第十九次全国代表大会上的报告[M].北京:人民出版社,2017:49.
② 张丽,李秀峰.新冠肺炎疫情下红十字会的信用危机及公信力重塑:基于SCCT理论的分析[J].云南行政学院学报,2020,22(5):126-133.
③ 黄杨森,王义保.发达国家应急管理体系和能力建设:模式、特征与有益经验[J].宁夏社会科学,2020(2):90-96.

展　望

　　社会组织有序参与公共危机治理是一个体现民主参与水准、政社合作和谐发展的重大问题，同时也是我们继续推进民主参与、不断完善相应体制机制的载体平台。在历次公共危机治理实践中，我们的治理能力和民主参与实践都接受了相应的考验。政府在公共危机治理的体制体系建设、法律政策完善、能力提升和社会组织参与推进方面也得到了长足发展。但是，在为我们取得成绩而欣喜的同时，我们更需要持续反思公共危机治理过程中的民主参与问题，为实现下一个百年的奋斗目标而不懈努力。

　　在社会组织参与公共危机治理的研究过程中，专业人士不仅发现了政府和民众对社会组织的参与认知、社会组织参与的社会资本积累及其参与能力方面的问题，还发现了能体现公众参与主体性，社会的公益精神、公共精神、奉献精神等方面的问题，以及贯穿其中的、传统向现代转型的巨大文化张力。

　　公共危机是反映自然、社会运行发展矛盾的客观存在，应对危机则是一个体现国家治理能力和治理水准，彰显民主参与程度和社会参与能力的过程，社会文化心理、转型期文化理念博弈贯穿其中。"多元治理"是西方社会探索多年的有益结论，虽有其体制之弊，却是基于其体制之上、充分体现民主参与、最大限度保护广大公民利益的有效形式。无疑，西方国家"小政府、大社会"的治理理念与我国社会制度有着迥然差异，我们在公共危机治理方面的民主参与探索必须基于当下的社会制度，并体现举国体制的优势，在构建具有中国特色的公共危机治理体系和模式基础上，推进参与的民主化进程。

　　"以人民为中心"是公共危机治理和新时代发展的共同理念。发展中国家，同样也是公共危机治理中的后发国家，起步晚、实践时间短、应对能力不足是客观事实，但这不仅不应成为公共危机治理低效、民主参与不力的理由，而且应该成为我们奋起的动力。中国作为社会主义制度探索比较成功的国家，如何构建一种既能体现制度优势，又能避免"政府失灵""市场失灵"和"志愿失灵"的治理体系和模式，为公共危机的高效治理和社会力量的民主、高效参与创造条件，是全面推进国家治理体系和治理能力现代化进程的应有之意。因此，中国的公共危机治理不仅应体现我国的制度优势，同时，还应该把每一次公共危机治理都作为公民参与、检验民主参与的重要平台，并不断优化和完善这一体制机制。

当然，所有的问题，最后都要回归到文化和人本身。探索"中国特色"的制度和实践的时间很短，这一过程中我们面临的最激烈碰撞就是文化层面从传统到现代转型的矛盾。传统文化不仅是中国特色社会主义发展的肥沃土壤，同时其在社会转型过程中表现出来的传统与现代的巨大张力，成为制约当代社会发展的巨大阻滞力。这些都需要重新审视发展，回归到人本身来解决问题。反思近代以来的发展，我们或许可以发现公共精神、公益理念、志愿精神等方面的文化虽有发展，但与现代社会的期许还有很大差距。无论是 SARS 危机还是新冠疫情，同样都是公共卫生事件，在让我们从中看到巨大进步的同时，也可以看出文化和人本身的现代化问题对公共危机的深远影响。

人是寻求公共危机系统性治理方案的基础，文化则是改变人的重要载体。文化的培育代表了时代在民主参与、人文关怀、合作共赢、共治共享等方面的共性需求，而多元共治的未来方向选择则要求我们在文化上有足够的包容，只有承认差异，并在异中求同，我们的国家治理现代化才能真正实现兼收并蓄。好在人类命运共同体建设在对国家治理提出新的时代要求的同时，也为我们提供了全新的理念指导，因为我们要探索的道路是全人类共同解放的理想之路，我们在治理追求上没有任何利益偏见。

如今，如果说彰显我们的制度优势，则公共危机治理过程中的民主参与问题则是我们必须突破的难关，也是我们全面推进国家治理体系和治理能力现代化必须面对的一个严峻考验。事实上，我们也别无他选！作为一个理论研究工作者，我们能做的就是紧扣国家发展的现实之需，以现有研究为基础，不断开拓视野，继续后续研究，为国家治理现代化尽自己的绵薄之力。

参考文献

一、著作类

[1] Barton H. Crisis Leadership Now: A Real-World Guide to Preparing for Threats, Disaster, Sabotage, and Scandal[M]. New York: McGraw-Hill, 2007.

[2] Barton L. Crisis in Organizations II: Managing and Communicating in the Heat of Chaos [M]. 2nd ed. CENGAGE Learning, 2000.

[3] Brassard C, Howitt A M, Giles D W. Natural Disaster Management in the Asia Pacific: Policy and Governance[M]. Tokyo: Springer Verlag, 2014.

[4] Crandall W R, Parnell J A, Spillan J E. Crisis Management in the New Strategy Landscape [M]. London: SAGE Publications, 2009.

[5] Dynes R R. Organized Behavior in Disaster[M]. Lexington: Lexington Books, 1970.

[6] Fink S. Crisis Management: Planning for the Inevitable[M]. New York: American Management Association, 1986.

[7] Giddens A. The Consequences of Modernity [M]. Stanford: Stanford University Press, 1990.

[8] Haddow G D, Bullock J A, Coppola D P. Introduction to Emergency Management[M]. 3rd ed. Amsterdam: Elsevier, 2008.

[9] Hermann C F. Crises in Foreign Policy: A Simulation Analysis[M]. New York: The Bobbs-Merrill Company, 1969.

[10] Hermann C F. International Crises: Insights From Behavioral Research[M]. New York: Free Press, 1972.

[11] Hyndman D W, Hyndman D. Natural Hazards and Disasters: 2005 Hurricane[M]. 2nd ed. New York: Brooks Cole, 2008.

[12] Koppenjan J, Klijn E H. Managing Uncertainties in Networks [M]. London: Routledge, 2004.

[13] Lebow R N. Nuclear crisis management: A dangerous illusion[M]. New York: Cornell University Press, 1987.

[14] Lerbinger O. The Crisis Manager: Facing Disasters, Conflicts, and Failures[M]. 2nd ed. London: Routledge, 2011.

[15] Luhmann N. Risk: A sociological theory[M]. New York: A de Gruyter, 1993.

[16] Masys A J. Disaster Management: Enabling Resilience[M]. Cham Springer, 2014.

[17] Phelan T D. Emergency Management and Tactical Response Operations: Bridging the Gap[M]. Oxford: Butterworth-Heinemann, 2008.

[18] Pinkowski J. Disaster Management Handbook[M]. Boca Raton: CRC Press, 2008.

[19] Rosenthal U, Boin A, Comfor L K. Managing Crises: Threats, Dilemmas, Opportunities[M]. Springfield: Charles C Thomas, 2001.

[20] Ross A D. Local Disaster Resilience: Administrative and Political Perspectives[M]. London: Routledge, 2014.

[21] The Commission on Global Governance. Our Global Neighbourhood[M]. Oxford: Oxford University Press, 1995.

[22] 奥古斯丁,等.危机管理[M].北京:中国人民大学出版社,2001.

[23] 贝克.风险社会[M].何博闻,译.南京:译林出版社,2004.

[24] 布尔迪厄.文化资本与社会炼金术:布尔迪厄访谈录[M].包亚明,译.上海:上海人民出版社,1997.

[25] 陈家刚.协商民主[M].上海:上海三联书店,2004.

[26] 陈振明.公共管理学[M].北京:中国人民大学出版社,2005.

[27] 达尔.民主及其批评者[M].长春:吉林人民出版社,2006.

[28] 尼克拉斯·卢曼.信任:一个社会复杂性的简化机制[M].瞿铁鹏,李强,译.上海:上海人民出版社,2005.

[29] 邓国胜,等.响应汶川:中国救灾机制分析[M].北京:北京大学出版社,2009.

[30] 董石桃.公民参与与民主发展:当代西方参与式民主研究[M].北京:人民出版社,2017.

[31] 范丽珠.全球化下的社会变迁与非政府组织(NGO)[M].上海:上海人民出版社,2003.

[32] 福山.国家构建:21世纪的国家治理与世界秩序[M].北京:中国社会科学出版社,2007.

[33] 高丙中,袁瑞军.中国公民社会发展蓝皮书:2008[M].北京:北京大学出版社,2008.

[34] 郭治安,等.协同学入门[M].成都:四川人民出版社,1988.

[35] 国务院发展研究中心社会发展研究部课题组.社会组织建设:现实、挑战与前景[M].北京:中国发展出版社,2011.

[36] 哈贝马斯.公域的结构性变化[M].北京:中央编译出版社,2002.

[37] 哈肯.协同学:大自然构成的奥秘[M].凌复华,译.上海:上海译文出版社,2013.

[38] 韩俊奎.NGO参与汶川地震紧急救援研究[M].北京:北京大学出版社,2009.

[39] 何增科.公民社会与第三部门[M].北京:社会科学文献出版社,2000.

[40] 赫尔德.民主的模式[M].燕继荣,等译.北京:中央编译出版社,2004.

[41] 亨廷顿.变化社会中的政治秩序[M].王冠华,刘为,等译.上海:三联书店,1989.

[42] 侯保龙.公民参与公共危机治理研究[M].合肥:合肥工业大学出版社,2013.

[43] 黄晓东.社会资本与政府治理[M].北京:社会科学文献出版社,2011.

[44] 吉登斯.第三条道路及其批评[M].孙相东,译.北京:中央党校出版社,2002.

[45] 经济合作与发展组织(OECD).21世纪面临的新风险:行动议程[M].北京:清华大学出版社,2005.

[46] 康晓强.公益组织与灾害治理[M].北京:商务印书馆,2011.

[47] 科尔曼.社会理论的基础[M].邓方,译.北京:社会科学文献出版社,1999.

[48] 雷吉斯特.风险问题与危机管理[M].谢新洲,等译.北京:北京大学出版社,2005.

[49] 李永杰.现代社会组织与社会和谐发展[M].北京:社会科学文献出版社,2014.

[50] 刘霞,向良云.公共危机治理[M].上海:上海交通大学出版社,2010.

[51] 罗传贤.行政程序基础理论[M].台北:五南图书出版公司,1993.

[52] 罗西瑙.没有政府的治理[M].张胜军,刘小林,等译.南昌:江西人民出版社,2001.

[53] 托马斯·欧立希,欧内斯廷·付.公民参与 公民教育:两代人对公共服务的反思[M].蒋菲,高地,译.北京:人民出版社,2015.

[54] 苗崇刚,黄宏生,谢霄峰,等.美国国家应急反应框架[M].北京:地震出版社,2011.

[55] 诺思.经济史中的结构与变迁[M].陈郁,罗华平,等译.上海:三联书店,1994.

[56] 佩特曼.参与和民主理论[M].陈尧,译.上海:上海人民出版社,2018.

[57] 全国普法办.中华人民共和国宪法[M].北京:法律出版社,2018.

[58] 若弘.中国NGO:非政府组织在中国[M].北京:人民出版社,2010.

[59] 萨拉蒙.全球公民社会:非营利部门视界[M].贾西津,等译.北京:社会科学文献出版社,2007.

[60] 石路.政府公共决策与公民参与[M].北京:社会科学文献出版社,2009.

[61] 斯蒂尔曼.公共行政学[M].李方,等译.北京:中国社会科学出版社,1989.

[62] 苏长河.全球公共问题与国际合作:一种制度的分析[M].上海:上海人民出版社,2000.

[63] 孙柏瑛,杜英歌.地方治理中的有序公民参与[M].北京:中国人民大学出版社,2013.

[64] 孙彩红.公民参与与城市政府治理研究[M].北京:社会科学文献出版社,2016.

[65] 童星,张海波.灾害与公共管理[M].南京:南京大学出版社,2010.

[66] 万鹏飞.美国、加拿大和英国突发事件应急管理法选编[M].北京:北京大学出版

社,2006.

[67] 王敬波.公共危机管理案例[M].北京:研究出版社,2009.

[68] 王菊芬,蒋莱.社会组织与公共安全[M].上海:上海三联书店,2013.

[69] 王名,李勇,黄浩明.英国非营利组织[M].北京:社会科学文献出版社,2009.

[70] 王名.中国非营利评论:第三卷[M].北京:社会科学文献出版社,2008.

[71] 王浦劬,臧雷振.治理理论与实践:经典议题研究新解[M].北京:中央编译出版社,2017.

[72] 王浦劬,萨拉蒙.政府向社会组织购买公共服务研究:中国与全球经验分析[M].北京:北京大学出版社,2010.

[73] 王诗宗.治理理论及其中国适用性[M].杭州:浙江大学出版,2009.

[74] 王亚南.中国官僚政治研究[M].北京:中国社会科学出版社,1981.

[75] 希斯.危机管理[M].王成,宋炳辉,金瑛,等译.北京:中信出版社,2001.

[76] 习近平.高举中国特色社会主义伟大旗帜 为全面建设社会主义现代化国家而团结奋斗:在中国共产党第二十次全国代表大会上的报告(2022年10月16日)[M].北京:人民出版社,2022.

[77] 习近平.决胜全面建成小康社会 夺取新时代中国特色社会主义伟大胜利:在中国共产党第十九次全国代表大会上的报告(2017年10月28日)[M].北京:人民出版社,2017.

[78] 夏书章.行政管理学[M].4版.广州:中山大学出版社,2008.

[79] 谢志平.关系、限度、制度:转型中国的政府与慈善组织[M].北京:北京师范大学出版社,2011.

[80] 许纪霖.共和、社群与公民[M].南京:江苏人民出版社,2004.

[81] 薛澜,张强,钟开斌.危机管理[M].北京:清华大学出版社,2003.

[82] 奥斯本.新公共治理?:公共治理理论和实践方面的新观点[C].包国宪,赵晓军,等,译.北京:科学出版社,2016.

[83] 英国慈善委员会指引[M].林少伟,译.北京:法律出版社,2017.

[84] 俞可平.治理与善治[M].北京:社会科学文献出版社,2000.

[85] 喻建中.社会组织法立法研究[M].北京:中国社会科学出版社,2017.

[86] 张海波.中国转型期公共危机治理:理论模型与现实路径[M].北京:社会科学文献出版社,2012.

[87] 张克中.社会资本:中国经济转型与发展的新视角[M].北京:人民出版社,2010.

[88] 张勤.中国公民社会组织发展研究[M].北京:人民出版社,2008.

[89] 赵成根.国外大城市危机管理模式研究[M].北京:北京大学出版社,2006.

[90] 中共中央关于加强党的执政能力建设的决定[M].北京:人民出版社,2004.

[91] 中共中央文献研究室.十八大以来重要文献选编(上)[M].北京:中央文献出版社,2014.

[92] 中国(海南)改革发展研究院.民间组织发展与建设和谐社会[M].中国经济出版

社,2005.

[93] 中国现代国际关系研究所危机管理与对策研究中心.国际危机管理概论[M].北京：时事出版社,2003.

[94] 周盛.走向共识的公民参与：参与式政策制定的偏好分歧与共识形成机制[M].北京：科学出版社,2017.

[95] 朱建刚,王超,胡明.责任·行动·合作：汶川地震中NGO参与个案研究[C].北京：北京大学出版社,2009.

[96] 竹中平藏,船桥洋一.日本"3·11"大地震的启示：复合型灾害与危机管理[M].林光江,等译.北京：新华出版社,2013.

二、论文类

[1] Etheringtons. Public services and the future of the UK voluntary sector[J]. International Journal of Nonprofit and Voluntary Sector Marketing, 2004, 9(2): 105-109.

[2] Fariborz G. Governance: The rising role of NGOs[J]. Industrial Management, 2007, 49(1): 8-12.

[3] Pearson C M, Clair J A. Reframing crisis management[J]. Academy of Management Review, 1998, 23(1): 59.

[4] Quarantelli E L. Disaster crisis management: A summary of research findings[J]. Journal of Management Studies, 1988, 25(4): 373-385.

[5] Tony P. Weathering the Storm: The role of local nonprofits in the hurricane katrina relief effort[R]. Ann Arber: The Aspen Institute, 2006.

[6] Waugh W L Jr. preface[J]. The Annals of the American academy of political and social science, 2006, 604(1): 6-9.

[7] Wybo J L, Lonka H. Emergency management and the information society: how to improve the synergy? [J]. International Journal of Emergency Management, 2002(12): 183-190.

[8] 曹爱军,方晓彤.社会治理与社会组织成长制度构建[J].甘肃社会科学,2019(2): 94-100.

[9] 陈友华,詹国辉.中国社会组织发展：现状、问题与抉择[J].新视野,2020(5): 73-80.

[10] 郭小明.当代我国政府公共危机管理体系探析[D].太原：山西大学,2008.

[11] 韩国明,魏丽莉.比较与借鉴：国外政府建构与非营利组织的合作模式[J].行政与法,2006(5): 17-19.

[12] 韩尚稳,吴东民.社会资本视角下的民间组织参与公共危机治理机制探析[J].党政干部学刊,2013(8): 60-63.

[13] 何学勤,陆宁.协同视角下的公共危机治理主体职能研究[J].科教导刊,2010,2(中):87-89.

[14] 胡象明.全球化背景下中国行政管理面临的十大挑战[J].探索,2006(1):39-45.

[15] 黄杨森,王义保.发达国家应急管理体系和能力建设:模式、特征与有益经验[J].宁夏社会科学,2020(2):90-96.

[16] 金华.参与型政治文化:推进和完善我国公民参与公共决策的现实选择[J].湖北社会科学,2011(12):19-22.

[17] 金华.公民政策参与:实然描述、应然指向及行为改善[J].地方治理研究,2021,23(1):13-26.

[18] 金华.我国公共危机治理的挑战与回应:社会组织参与的视角[J].甘肃社会科学,2019(4):169-175.

[19] 金进喜.现阶段我国政府危机管理紧迫性及其对策研究[J].中共浙江省委党校学报,2004,20(1):99-103.

[20] 金太军,张健荣.重大公共危机治理中的NGO参与及其演进研究[J].华中师范大学学报(人文社会科学版),2021,55(1):21-28.

[21] 孔金平,刘彤.国家治理体系中的社会组织:西方理论和中国经验[J].天津行政学院学报,2017,19(4):90-95.

[22] 李楠,马庆钰.中德政府与社会组织关系比较[J].行政管理改革,2018(1):54-59.

[23] 李青娟,孙建丽.新冠肺炎疫情防控中的协同治理机制探究[J].经济研究导刊,2021(27):144-146.

[24] 李想.公共危机治理中社会组织与政府合作历程与趋势分析[J].理论探索,2019(1):15-19.

[25] 李迎生.社会力量如何有序参与重大突发公共卫生事件治理?:基于新冠肺炎疫情防控实践的研究[J].社会科学,2020(4):68-76.

[26] 林闽钢,战建华.灾害救助中的NGO参与及其管理:以汶川地震和台湾9·21大地震为例[J].中国行政管理,2010(3):98-103.

[27] 刘轩.日本灾害危机管理的紧急对策体制[J].南开学报(哲学社会科学版),2016(6):93-103.

[28] 罗伯特·基欧汉,约瑟夫·奈.权力、相互依赖与全球主义[J].战略与管理,2002(4):63-76.

[29] 马庆钰,谢菊,李楠.中德政府与社会组织关系特征的比较分析:基于法团主义视角[J].经济社会体制比较,2019(6):145-153.

[30] 麦克格鲁.走向真正的全球治理[J].马克思主义与现实,2002(1):33-42.

[31] 沈荣华.政府应急管理:来自国际的经验[J].中国社会导刊,2005(33):11-13.

[32] 宋劲松,王宏伟.美国应急志愿者管理制度及其经验借鉴[J].北京行政学院学报,2012(4):34-40.

[33] 苏德辉.公共危机治理中的民间组织参与问题研究:以5·12汶川大地震为例[D].苏州:苏州大学,2009.

[34] 唐东生.近年来国内NGO研究述评[J].改革,2004(2):101-104.

[35] 陶希东.国外特大城市处置紧急事件的经验、教训与启示[J].理论与改革,2009(2):37-40.

[36] 汪锦军.公共服务中的政府与非营利组织合作:三种模式分析[J].中国行政管理,2009(10):77-80.

[37] 王德迅.日本危机管理体制机制的运行及其特点[J].日本学刊,2020(2):1-7.

[38] 王名,丁晶晶.社会组织参与社会管理创新的基本经验[J].中国行政管理,2013(4):65-67.

[39] 王名,孙伟林.我国社会组织发展的趋势和特点[J].中国非营利评论,2010(1):1-23.

[40] 王名.国内外民间组织管理的经验与启示[J].学会,2006(2):23-26.

[41] 文国锋.日本民间非营利组织:法律框架、制度改革和发展趋势[J].学会,2006(10):3-13.

[42] 文宏.治理体系下的公共管理研究:中国共产党十八大以来的回顾、特征及展望:基于CSSCI期刊论文的可视化分析[J].南京社会科学,2018(7):56-64.

[43] 吴理财.政府间的分权与治理[J].马克思主义与现实,2003(3):70-75.

[44] 伍国春.日本社区防灾减灾体制与应急能力建设模式[J].城市与减灾,2010(2):16-20.

[45] 杨力.突发事件应急意识和能力建设探讨[J].中国安全生产科学技术,2011,7(8):154-158.

[46] 尹广文.从"行政化控制"到"体制性吸纳":改革开放以来中国社会组织治理问题研究[J].南京政治学院学报,2016,32(2):53-60.

[47] 臧雷振,黄建军.减灾救灾社会参与机制的国际比较及启示[J].中国应急管理,2011(10):26-31.

[48] 张峰.国际合作:迎战公共危机的法宝:访中国国家"友谊奖"获得者世界卫生组织驻华代表贝汉卫博士[J].国际人才交流,2004(4):5-7.

[49] 张丽,李秀峰.新冠肺炎疫情下红十字会的信用危机及公信力重塑:基于SCCT理论的分析[J].云南行政学院学报,2020,22(5):126-133.

[50] 张勤,姜媛媛,汲君.公共危机治理的社会组织参与耦合机制探微[J].理论探讨,2010(2):131-135.

[51] 张文成.德国学者迈尔谈西欧社会民主主义的新变化与"公民社会模式"[J].国外理论动态,2000(7):19-22.

三、报纸类

[1] 陈一新.加强和创新社会治理[N].人民日报,2021-01-22.

[2] 抗击雪灾的心理援助:访中国科学院社会与组织行为研究中心主任时勘教授[N].科学时报,2008-01-31.

[3] 陈家刚.从社会管理走向社会治理[N].学习时报,2012-10-22.

[4] 杨福忠.公民政治参与法治化与社会稳定[N].学习时报,2001-10-08.

[5] 郑也夫."信任":焦虑中的美德[N].文汇报,2002-03-03.

[6] 中共中央关于坚持和完善中国特色社会主义制度推进国家治理体系和治理能力现代化若干重大问题的决定[N].人民日报,2019-11-06(1).

四、网络类

[1] 2000年民政事业发展统计报告[EB/OL].中华人民共和国民政部网站,2001-04-03.

[2] 2008年度中国慈善捐助报告[EB/OL].中华人民共和国民政部网站,2009-03-10.

[3] 2011年社会服务发展统计公报[EB/OL].中华人民共和国民政部网站,2012-06-21.

[4] 2019年民政事业发展统计公报[EB/OL].中华人民共和国民政部网站,2020-09-08.

[5] 2020年民政事业发展统计公报[EB/OL].中华人民共和国民政部网站,2023-05-06.

[6] 包丽敏.谁来执掌760亿元地震捐赠?[EB/OL].中国青年报,2009-08-12.

[7] 韩微文,朱永磊,刘湘平,等.面对公共卫生危机,NPO如何行动?[EB/OL].搜狐网,2020-03-10.

[8] 贾西津.汶川大地震中的民间救灾,如何持续?[EB/OL].博客中国,2008-07-09.

[9] 近年来我国环境群体性事件高发 年均递增29%[N].新京报,2012-10-27.

[10] 梁雁."5·12"赈灾志愿者的表现、问题及对策[EB/OL].网易新闻,2009-07-13.

[11] 林衍.社会组织登记率每年净增长2% 9成社会组织非法[EB/OL].腾讯公益,2012-03-28.

[12] 马梅玉 1995年阪神地震成为日本志愿领域发展的契机[EB/OL].环球慈善,2005-03-11.

[13] 王振耀.NGO组织在地震中起到了半边天的作用[EB/OL].新浪新闻,2008-12-17.

[14] 文梅.汶川地震十周年系列:中国公益十年数据观察[EB/OL].公益时报,2018-05-13.

[15] 我国社会组织总数破90万个[EB/OL].慈善公益报,2021-01-26.

[16] 习近平.在统筹推进新冠肺炎疫情防控和经济社会发展工作部署会议上的讲话[EB/OL].中国政府网,2020-02-24.

[17] 徐本亮.德鲁克可以成为中国社会组织发展的指路明灯[EB/OL].龙源期刊网,2018-08-04.

[18] 徐凡.构建韧性社会,多元社会组织的专业和长效协作必不可少[EB/OL].凤凰网,2020-02-24.
[19] 徐晞.美国社区救助中的社会组织参与[EB/OL].人民论坛网,2017-02-22.
[20] 叶慧珏.民间救灾:日本NGO的行动逻辑[N/OL].21世纪经济报道,2011-03-15.
[21] 吟之.草根慈善需要生态环境[EB/OL].光明网,2014-06-17.
[22] 英国慈善事业发展主要经验与我们的思考[EB/OL].凤凰网,2020-01-15.
[23] 张胜军.培育公民社会,英国下了苦心[EB/OL].环境时报,2014-02-28.
[24] 志愿服务条件[EB/OL].中国政府网,2017-08-22.
[25] 中国扶贫基金会南方雪灾紧急救援行动启动[EB/OL].中广网,2008-01-30.
[26] 中华人民共和国和俄罗斯联邦关于新时代国际关系和全球可持续发展的联合声明[EB/OL].新华网,2022-02-04.
[27] 中华人民共和国突发事件应对法[EB/OL].中国政府网,2007-08-30.